세계 장례 여행

Curious Coffins and Riveting Rituals

세계
장례
여행

기묘하고 아름다운
죽음과 애도의 문화사

YY 리악 지음 | 홍석윤 옮김

시그마북스

세계 장례 여행

발행일 2025년 12월 1일 초판 1쇄 발행
지은이 YY 리악
옮긴이 홍석윤
발행인 강학경
발행처 시그마북스
마케팅 정제용
에디터 양수진, 최연정, 최윤정
디자인 김문배, 강경희, 정민애

등록번호 제10-965호
주소 서울특별시 영등포구 양평로 22길 21 선유도코오롱디지털타워 A402호
전자우편 sigmabooks@spress.co.kr
홈페이지 http://www.sigmabooks.co.kr
전화 (02) 2062-5288~9
팩시밀리 (02) 323-4197
ISBN 979-11-6862-423-8 (03380)

CURIOUS COFFINS AND RIVETING RITUALS
Copyright © 2025 by YY Liak
All rights reserved.
No part of this book may be reproduced in any form without written permission from the publisher.
First published in English by Chronicle Books LLC, San Francisco, California.

Korean language edition © 2025 by Sigma Books
Korean translation rights arranged with Chronicle Books LLC, San Francisco, California through EntersKorea Co., Ltd., Seoul, Korea.

이 책의 한국어판 저작권은 (주)엔터스코리아를 통한 저작권사와의 독점 계약으로 시그마북스가 소유합니다.
저작권법에 의하여 한국 내에서 보호를 받는 저작물이므로 무단전재와 무단복제를 금합니다.

파본은 구매하신 서점에서 교환해드립니다.

* 시그마북스는 (주)시그마프레스의 단행본 브랜드입니다.

내게 살아가는 법을 가르쳐주신 부모님께 드립니다.

Death

죽음: 죽음에 대한 소고 9

죽음의 무도 · · · · · · · · · · · · · 10	죽음, 천의 얼굴을 가진 신 · · · · · · · 20
죽음에 대한 간략한 역사 · · · · · · · 14	죽음과 관련된 단어들 · · · · · · · · · 22
죽음의 정의 · · · · · · · · · · · · · 18	

Dead

사람이 죽으면: 우리가 죽으면 일어나는 일 25

Part 1: 매장 · · · · · · · · · · · · · · 26
- 검증된 사실 · · · · · · · · · · · · · 26
- 6피트 아래 · · · · · · · · · · · · · 28
- 장례식에 재미를 더하다 · · · · · · · 30
- 절벽에 매달려 있는 관 · · · · · · · 33
- 아메리카 원주민의 끔찍한 경험 · · · 34
- 슬픔과 신에 대하여 · · · · · · · · · 36
- 저승 세계 하데스로 가는 길 · · · · · 38
- 천국으로 가는 계단 · · · · · · · · · 41
- 지옥으로 가는 고속도로 · · · · · · · 43
- 얼굴을 하나님의 집 방향으로 · · · · 44
- 전쟁과 평화 · · · · · · · · · · · · · 46
- 마지막 항해 · · · · · · · · · · · · · 48
- 바이킹의 배 오세베르그호 · · · · · · 50
- 죽은 자들이 지나간 길 · · · · · · · 52

Part 2: 화장 · · · · · · · · · · · · · · 54
- 불의 의미 · · · · · · · · · · · · · · 54
- 시신을 가까운 곳에 · · · · · · · · · 56
- 죽음의 도시 · · · · · · · · · · · · · 59
- 뼈의 여행 · · · · · · · · · · · · · · 62
- 화장로 속으로 · · · · · · · · · · · · 64

Part 3: 섭취 · · · · · · · · · · · · · · 66
- 먹고, 먹히고, 사랑하라 · · · · · · · 66
- 식인 풍습에 대한 이해 · · · · · · · 69
- 생의 순환 · · · · · · · · · · · · · · 72
- 하늘에서의 죽음 · · · · · · · · · · · 73
- 시신 처리 방식의 진화 · · · · · · · 76

Part 4: 보존 · · · · · · · · · · · · · · 78
- 불멸을 쫓아서 · · · · · · · · · · · · 78
- 기적을 만드는 사람들 · · · · · · · · 81
- 성녀 카타리나의 삶과 시대 · · · · · 85
- 유해를 전시하는 진짜 이유 · · · · · 86
- 신의 선물, 두개골 · · · · · · · · · · 91
- 미라화 기술의 등장과 쇠퇴 · · · · · 94
- 미라 만들기 · · · · · · · · · · · · · 95
- 혁명은 영원하다 · · · · · · · · · · · 100
- 아주 특별한 사례, 에바 페론 · · · · 102
- 깊은 잠 · · · · · · · · · · · · · · · 104
- 산 사람으로 취급받는 시체 · · · · · 106
- 죽음의 식단 · · · · · · · · · · · · · 110
- 미국에서 방부 처리가 유행이 된 까닭은? · · · · · · · · · · · · · · · 112
- 나중까지 보존하려면 · · · · · · · · 114

Very Dead

그리운 사람: 죽은 이를 기억하는 방법 117

Part 1: 추모식 ········· 118
애도 의식의 진정한 의미 ········· 118
슬픔의 극장 ········· 120
슬픔을 나타내는 복장 ········· 122
성묘 ········· 124
무덤에 바치는 꽃들 ········· 127
나를 잊지 말아요 ········· 128
죽은 자와 춤을 ········· 130
봄맞이 대청소 ········· 131
배고픈 유령 ········· 133
죽은 자의 날 ········· 134
죽은 자가 집에 함께 산다 ········· 136

심령술 ········· 144
세상의 유명한 유령들 ········· 148
먼지에서 먼지로 ········· 151

Part 2: 추모비 ········· 152
영원히 잊히지 않으려면 ········· 152
조각상 ········· 154
무너지는 추모비 ········· 157
이름에 담긴 의미 ········· 158
신은 알고 계신다 ········· 160
오래된 거짓말 ········· 162

Living

삶: 죽음에 대한 기록 167

죽음에 대한 초보자 가이드 ········· 168
좋게 죽는다는 것 ········· 170
임종 도우미, 둘라 ········· 172
카운트다운 ········· 173

마지막 시간 ········· 174
최후의 만찬 ········· 177
선행 릴레이 ········· 178
이게 끝일까? ········· 180

참고 자료 ········· 182
감사의 말 ········· 191
지은이·옮긴이 소개 ········· 192

죽음

Death

죽음에 대한 소고

"모든 지구는 오직 한 가지 생각뿐이지. 바로 죽음이라네."
- 바이런의 시 「암흑(DARKNESS)」 중에서

죽음의 무도

선한 사람이나 악한 사람이나, 부유한 사람이나 가난한 사람이나, 젊은 사람이나 늙은 사람이나, 모든 사람은 언젠가는 죽는다. 이것이 '죽음의 무도(danse macabre)'의 핵심 개념이다. 중세 후기로 거슬러 올라가는 이 수수께끼 같은 우화적 모티프는 죽은 자에게 끌려 무덤으로 향하는 모든 계층의 사람들을 묘사한다. 그 메시지는 간단하다. 덧없는 세상의 영광을 향한 헛된 추구를 멈춰라. 죽음이 오면 우리는 그저 이름도 없이 사라질 뿐이다.

미국의 지식인 조지프 캠벨은 죽음에 대해 '모든 고통의 비밀스러운 원인'이자 '삶의 가장 중요한 조건'이며, 삶을 인정하려면 죽음을 부정할 수 없다고 말했다.[1] 우리 인간은 이 땅에서 살아오는 동안, 사랑하는 사람을 잃는 슬픔과 피할 수 없는 자신의 최후에 대한 불안감에 맞서 싸워야 했다. 호메로스 시대와 그 이후의 그리스 문헌에서 'mortal(언젠가는 반드시 죽을 수밖에 없는)'이라는 단어가 인간과 동의어가 될 정도로, 죽음은 인간의 상태를 너무나도 극명하게 규정짓는 말이다. 하지만 우리가 죽는다는 가장 큰 확실성은 동시에 가장 큰 의문이기도 하다. 죽음이라는 명백한 종말에 대한 두려움과 신비로움은 수천 년 동안 계속되어왔다. 죽음은 거의 모든 주요 종교의 핵심 관심사이며, 세계의 모든 문화에는 죽은 자를 올바르게 처리하는 의례와 전통이 있다. 고고학자들에게 호모 사피엔스와 인류의 진화론적 사촌들이 죽음과 임종을 어떻게 다루어왔는지에 대한 연구는 매우 중요하다. 바로 인간만이 가진 고유한 특성, 즉 추상적으로 사고하는 능력을 보여주기 때문이다. 한때 우리와 함께 이곳에 있었던 존재는 이제 더 이상 존재하지 않는다. 그들은 어디로 간 것일까? 눈에 보이는 것 너머의 세계에 대한 이러한 관심, 우리가 준비해야 할 내세라는 개념은 우리가 아는 한 인

류가 아닌 다른 어떤 동물에게서도 찾아볼 수 없다. 모든 생명체는 죽을 수밖에 없지만, 죽음, 혹은 죽음을 피할 수 없는 운명에 대한 상징적이고 철학적인 이해는 오직 인간만이 할 수 있다.

그러나 죽을 수밖에 없는 운명이라는 것과 그에 따른 심리적 증상에 대해서는 우리 모두 다를 바 없더라도, 죽음에 대한 믿음(그리고 더 나아가 그러한 믿음에 의해 형성된 의식)은 사람마다 크게 다를 수 있다. 앞으로 살펴보겠지만, 죽음은 단지 삶의 끝이라고 보기도 하지만, 다른 존재 상태로의 전환으로 이해되기도 한다. 또는 환생이 우리를 기다리고 있다거나 신의 심판이 있을 것이라고 믿는 사람들도 있다. 또 죽은 자들은 우리와 분리된 위나 아래의, 또는 다른 세상에서 살아간다고 생각하는 사람도 있고, 산 자와 죽은 자 사이의 경계가 모호하다고 생각하는 사람들도 있다. 이러한 모든 생각은 우리가 살아 있는 동안 어떻게 처신해야 하고 죽은 자를 어떻게 처리해야 하는지에 상당한 영향을 미칠 수 있다. 그리고 대부분의 사회에서 죽음을 다루는 '적절한' 방식이 그 공동체 특유의 장례 의식을 통해 성문화되어 있다.

이러한 의식은 '행동으로 보여주는 종교'[2]라고 정의할 수 있다. 의식은 '관습적이고, 사회적으로 용인되며, 상징적이고, 현실적 고려는 전혀 하지 않는'[3] 행위들로 구성되어 있기 때문이다. 이런 의식에는 일반적으로 어느 정도의 형식과 순응이 수반되며, 이에 대한 지식은 대개 세대에 걸쳐 대대로 전해진다. 모든 의식은 사회의 생명력 그 자체에 깊이 뿌리내리고 있다. 소원을 빌고 생일 촛불을 끄는 미국 교외의 어린아이든, 아마존 깊은 숲속에서 성난 독개미가 가득 들어 있는 장갑을 끼고 성인 의례를 치르는 사테레-마웨족 소년이든, 출생, 성장, 결혼, 그리고 물론 죽음과 같은 전환의 순간을 기념하기 위해 의식을 치른다.

그렇다면 왜 이러한 의식이 전 세계에서 보편적으로 치러지는 것일까? 장례 의식 역시 다른 의식과 마찬가지로 우리에게 하나의 관점을 제시해준다. 장례 의식은 일상생활의 리듬과는 뚜렷하게 구분되지만, 세상이 어떻게 돌아가고 있고 그 안에서 우리가 처한 위치는 어디인지에 대한 공통된 문화적 이해를 재정립하는 데 도움이 된다. 죽음은 아마도 우리 삶의 어떤 사건보다도 특별한 변화의 순간을 상징한다. 장례 의식은 극도로 혼란스러울 수 있는 시기에 우리에게 절실히 필요한 구조를 제공함으로써, 우리가 그 혼돈을 이해하도록 도와준다. 물론 관습과 전통도 우리를 공동체와 연결해준다. 관습과 전통은 직접적인 사회적 관계뿐만 아니라 우리보다 앞서 살았던 세대, 우리와 같은 슬픔을 겪고 그 슬픔을 이해했던 사람들과도 연결해준다. 의식은 이런 방식으로 우리에게 그 사회가 공유하는 목적과 정체성을 부여해준다. 사람이 죽었을 때의 관습이 즐거워하는 것이든 절제하는 것이든 간에, 죽음은 사람들이 삶을 살아가고 자신의 경험을 평가하는 데 있어 가장 중요한 문화적 가치를 부각시켜준다. 어느 문화에서나 죽음이 보편적인 사건인 것처럼, 장례 의식의 행위를 통해 죽음을 이해하고자 하는 인간의 갈망도 보편적인 호소력을 지녔던 것 같다.

이 책에서 독자 여러분은 역사적, 지리적 경계를 넘나드는 다양한 장례 의식을 접하게 될 것이다. 어떤 의식은 익숙한 것일 수도 있고, 어떤 의식은 그렇지 않을 수도 있다. 하지만 인류 역사 전반에 걸쳐 얼마나 다양한 장례 의식이 존재했는지에 대해서는 아무리 강조해도 지나치지 않을 것이다. 사실 한 권의 책에 모두 담기에는 너무나 많다. 그럼에도 불구하고 중요하다고 생각하는 의식(세계 주요 종교의 범주에 속해 수백만 명이 행하는 의식)이나, 감동적이거나 흥미롭다고 생각되는 의식들을 최대한 포함하려고 노력했다. 이 책에 나오는 장례 의식들은 몇 개의 큰 범주로 정리되어 있지만, 이 같은 일반적인 분류에 속하지 않는 의식들도 많다. 어떤 의식에서는 시신을 방부 처리한 다음 화장하고, 또 어떤 의식에서는 시신을 화장 후 매장한다. 따라서 어떤 의식이 한 범주에 속한다고 해서 다른 범주에 속하지 않는 것도 아니다. 그렇다고 해서 이러한 의식들이 하나의 문화 전체를 대표하는 것으로 여겨져서는 안 된다는 점도 명심해야 한다. 사실, 신앙과 전통이 완전히 일치하는 공동체를 찾기는 매우 어렵기 때문이다. 의식은 계속 변화한다. 종교적 교리에 담긴 의식조차도 시간이 흐르고 어디에서 행해지느냐에 따라 각기 다른 지역적 특징을 갖게 되어 있다. 예를 들어 시칠리아의 가톨릭 가정에서 시행하는 의식은 멕시코시티의 가톨릭 가정에서 시행하는 의식과 다를 수 있다. 시칠리아의 의식은 로마 가톨릭 교회가 성

문화한 전통을 더 충실히 따르는 반면, 멕시코시티의 의식은 가톨릭 전통뿐만 아니라 콜럼버스 이전의 메소아메리카 전통(멕시코 중남미와 중앙아메리카 지역 문명권의 여러 종교와 전통이 혼합된 과정)에서 영감을 받았기 때문이다. 어떤 의식들은 이미 사라졌고, 또 어떤 의식들은 서서히 사라지고 있다. 반면 비록 소수이지만 열렬한 집단들에 의해 계속 이어지는 의식도 있고, 이제 점점 강력하게 자리를 잡기 시작하는 의식도 있다. 물론 이 책은 장례 관습에 대한 포괄적인 안내서 목적으로 쓰인 것은 아니다. 다만 이 책이 우리 인간이 죽은 자를 어떻게 돌봐왔는지에 대한 깨달음을 주는 소개서가 되기를 바란다. 당연한 이야기지만, 장례 의식은 죽은 자를 위한 것이 아니라 산 자를 위한 것이기 때문이다.

죽음의 무도

죽음에 대한 간략한 역사

기원전 9만 년경

이스라엘의 이스르엘 골짜기에 있는 카프제 동굴에, 선사 시대의 시신 몇 구가 몇 점의 토기와 함께 붉은 황토에 덮여 매장되었다.

기원전 4만 년경

호주 오지에 있는, 지금은 말라버린 멍고 호수에 '멍고 레이디'로 알려진 한 여성이 화장되어 매장되었다. 그녀의 화장 유해는 기록상 가장 오래된 유해다.

기원전 1만 5000년경

영국 남서부 고프 동굴에서는 후기 구석기 시대에 여러 구의 시신이 제물로 바쳐졌다. 고고학자들은 나중에 이곳에서 살을 발라내고 컵 모양으로 만든 두개골을 발견했다.

기원전 5000년경

오늘날 남아메리카에 남아 있는 친초로족은 한 시신을 미라로 만들어 오늘날 칠레의 뜨거운 사막에 매장했는데, 이는 기록상 가장 오래된 인공 미라 시신이다.

기원전 2600년경

고대 이집트인들이 시신을 미라로 만들기 시작했다. 미라를 만드는 기술은 이후 수천 년 동안 끊임없이 발전했지만, 서기 4세기에서 7세기 사이에 서서히 사라졌다.

기원전 246년

중국 최초의 황제 진시황의 거대한 지하 무덤 단지 건설이 시작되었다. 능(陵)(과 능을 지키는 그 유명한 병마용)의 건설은 36년 후 진시황이 사망할 때까지 중단 없이 계속되었다.

9세기 초

조로아스터교도들이 '다크마'라는 높은 탑에 시신을 안치했다는 최초의 문헌들이 페르시아(오늘날 이란)의 역사가들에 의해 기록되었다.

834년

노르웨이 오세베리에 있는 가장 유명하고 잘 보존된 한 선박 무덤에 두 명의 바이킹 여성이 매장되었다.

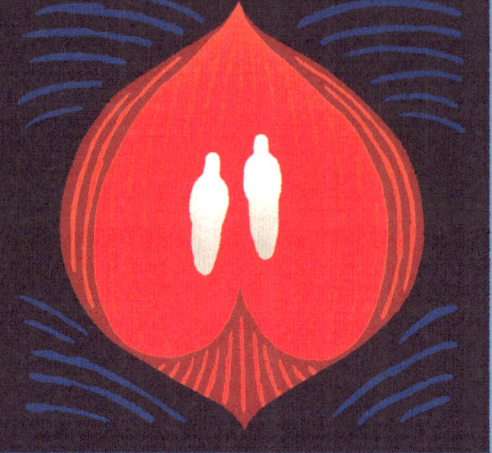

1081~1903년

일본의 여러 산속에서는 슈겐도(신도와 불교가 결합된 일본의 고대 산악 신앙-옮긴이)라는 종교의 단호한 추종자들이 '즉신불'이라는 길고 고통스러운 자기 미라 의식을 치렀다.

1346~1353년

흑사병으로 알려진 선페스트가 유럽을 휩쓸며 5,000만 명이 넘는 사람들이 목숨을 잃었다. 이는 당시 유럽 전체 인구의 약 30~50%에 해당하는 규모다.[4]

1752년

영국 의회는 '살인자법'을 통과시켜 유죄 판결을 받은 살인자의 해부를 허용했다. 80년 후에는 '해부학법'이 통과되어 해부학자들은 기증된 시체로 연구를 할 수 있게 되었다.

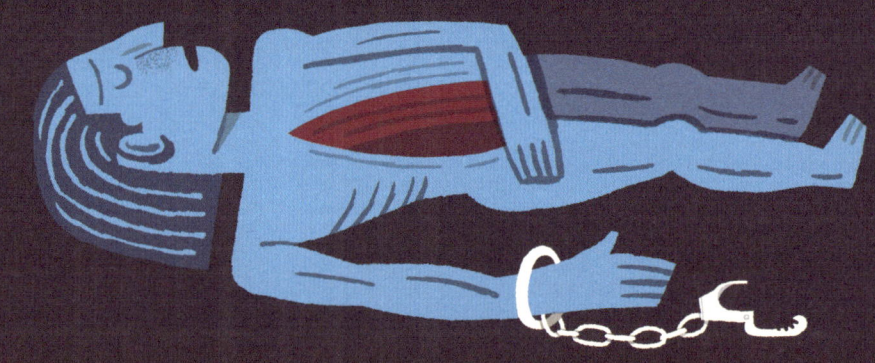

1849년

뉴욕주 로체스터에서 폭스 자매가 '심령주의'라는 새로운 종교 운동을 창시했다. 이 운동은 살아 있는 사람이 죽은 사람의 영혼과 소통할 수 있다는 믿음에 의거해 널리 인기를 누리다가 1900년대 초반에 쇠퇴하기 시작했다.

1861~1865년

미국 역사상 가장 피비린내 나는 전쟁이었던 남북전쟁으로 60만 명이 넘는 사망자가 발생했는데, 이 전쟁을 계기로 미국에서 현대식 방부 처리가 널리 보급되었다.

1914~1918년

제1차 세계 대전은 현대 전쟁의 양상을 완전히 바꾸어놓은 다양한 군사 및 기술의 발전을 가져왔다. 이 전쟁으로 4,000만 명이 넘는 민간인과 군인 사상자가 발생했는데, 이 중에는 아르메니아 대량 학살로 목숨을 잃은 사람들이 60만 명에서 120만 명에 달했고, 그 외에도 수많은 사람들이 영양실조와 질병으로 사망했다.[5]

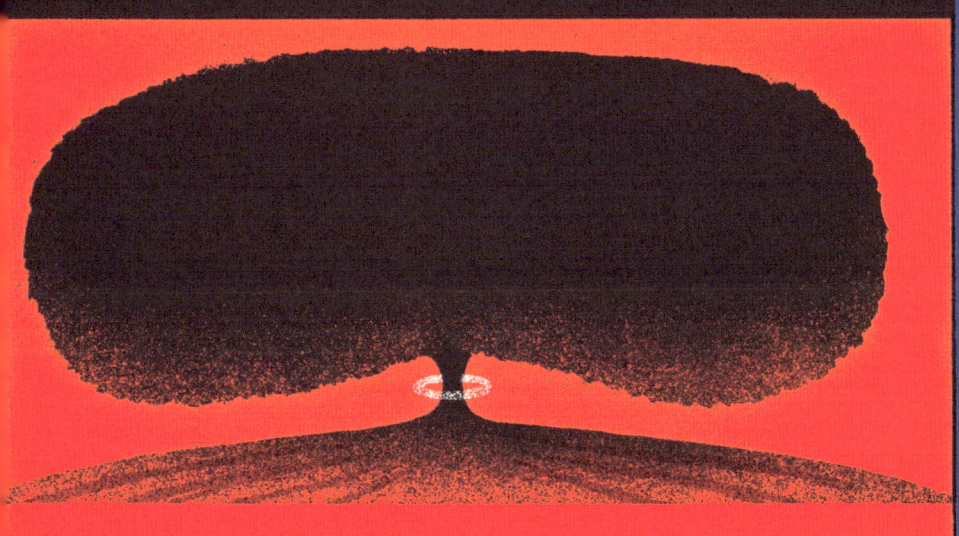

1939~1945년

제2차 세계 대전으로 핵무기가 도입되면서 인류는 처음으로 핵전쟁으로 인해 완전히 멸망할 수 있다는 실존적 위협에 직면하게 되었다. 이 기간 동안 전쟁, 질병, 기근, 홀로코스트 등 여러 가지 원인으로 약 7,000만 명에서 8,500만 명이 목숨을 잃으면서 제2차 세계 대전은 인류 역사상 가장 치명적인 전쟁으로 기록되었다.

1990년

미국 원주민 무덤 보호 및 반환법(NAGPRA)이 통과됨으로써, 원주민 부족들은 국가가 자행한 약탈, 모독, 절도가 일어난 지 4세기가 지난 후에야 비로소 미국 연방 기관과 박물관이 소장하고 있는 자신들의 문화재와 유해를 되찾을 수 있게 되었다.

죽음의 정의

죽음이란 정확히 무엇을 의미할까? 그 답은 생각보다 훨씬 복잡하다. 생리학적 관점에서는 일반적으로 우리 몸에서 더 이상 생명의 징후가 보이지 않으면 죽었다고 말한다. 아주 최근까지만 해도[6] 심장 박동이나 호흡 기관이 멈추면 사망으로 간주되었다. 그러나 기술이 발전하고 현대식 소생술이 도입되면서 심장을 기계적으로 다시 작동시켜 생명을 유지하는 것이 가능해졌다. 비록 환자가 의식을 회복하지 못하더라도 말이다. 이 경우, 그 사람은 살아 있는 것일까, 죽은 것일까? 이제는 삶과 죽음을 구분하는 경계가 훨씬 더 모호해졌다. 미국에서는 '표준 사망 판정법'이라는 법에 이런 변화가 공식적으로 명시되어 있다. 1981년에 미국 대부분의 주에서 채택된 이 법에 따르면, '전체 뇌의 모든 기능이 되살릴 수 없을 만큼 정지된' 환자에 대해서는 의료 전문가들이 법적으로 사망을 선언할 수 있도록 허용하고 있다.[7] 이 법은 뇌를 의식의 중심이자 모든 기본적인 신체 기능을 유지하는 관제 센터로 인정하고, 뇌를 환자의 정체성을 심각하게 변화시키지 않고는 이식이 불가능한 유일한 장기로 규정한다. 따라서 오늘날에는 지속적이고 돌이킬 수 없는 혼수상태, 호흡 능력의 영구적인 상실, 그리고 뇌간이 제어하는 모든 반사 작용의 부재를 뇌사로 진단한다. 뇌사는 일반적으로 환자에게는 돌이킬 수 없는 지점으로 간주되기 때문에, 환자의 신체가 인공 생명 유지 장치에 의해 유지되더라도 의료 전문가들이 사실상 법적으로 사망을 선언할 수 있도록 허용하고 있는 것이다.[8] 그럼에도 불구하고 이 문제는 의료 전문가들 사이에서 여전히 논쟁거리로 남아 있다. 앞서 언급한 모든 조건이 충족된 후에도 뇌의 일부 영역이 계속 기능할 수 있기 때문에 이 법을 개정해야 한다는 움직임은 끊임없이 제기되어왔다. 따라서 확실한 합의에 도달하기 위한 논쟁은 앞으로도 여전히 계속될 것이다.[9]

앞으로 더 살펴보겠지만, 우리가 죽음을 이해하는 방식은 단지 생물학적 사건을 다루는 것 이상의 문제다. 누구에게나 우리 몸이 우리 자신을 실망시킬 때가 오게 마련이다. 생리학적으로 볼 때, 죽음은 반드시 오게 되어 있고, 심지어 예측할 수도 있다. 그러나 모든 죽음은 사회적, 형이상학적, 문화적 환경에 따라 크게 다르게 이해되고 있다. 어떤 문화와 사회에서는 사람이 죽으면 영구적으로 완전히 분리된다고 보지만, 역사적으로 전 세계를 통틀어 볼 때 죽음을 일종의 전환이나 변형으로 보는 경우가 훨씬 더 많다.[10] 사실 사후 세계라는 개념은 유사 시대 이후 가장 오래된 개념일 것이다.[11] 우리가 잉태되기 전 수십억 년 동안 존재하지 않았음에도 불구하고, 우리 자신이 그 상태로 다시 돌아가는 것을 상상하기는 어려워 보인다.

우리는 사람의 마음과 정신이 쇠퇴하는 순간에도 그 존재가 끝나는 것은 아니라고 생각한다. 아마도 이런 생각은 전 세계적으로 거의 공통인 것 같다. 오히려 우리를 우리 자신답게 만드는 자아는 단지 육체나 신경 세포의 자극에만 얽매이지 않는다고 생각한다. 자아는 훨씬 더 신비로운 무언가에 존재한다고 믿는 것이다. 그것을 영혼, 아트만(ātman), 루흐(rūh), 프시케(psyche) 등 어떤 이름으로 부르든, 이 영적의 중심은 지상에서의 죽음 같은 평범한 것으로 쉽게 파괴되지 않는다고 생각한다. 전 세계 주요 종교를 포함한 다양한 신앙 체계는 어떤 형태로든 사후 세계에 대해 언급하고 있다. 게다가 많은 종교들이 놀라울 정도로 유사한 결론에 도달하기도 하고, 때로는 완전히 다른 결론에 도달하기도 한다.

그러나 개인의 영혼이 정확히 어디로 가는지는 여전히 논쟁의 대상이 되고 있다. 유교나 신도(조상과 자연을 섬기는 일본 종교-옮긴이) 같은 종교들은 죽음을 보다 일반화된 개념(혼백의 분리-옮긴이)으로 여기는 반면, 다른 종교들은 죽은 후에는 우리의 영혼이 생전의 다양한 행위와 악행에 따라 여러 가지의 초월적 차원(즉 '내세')으로 분류된다고 주장한다. 이러한 믿음은 기독교에서 말하는 천국과 지옥을 가장 많이 떠올리게 하지만, 사실 기쁨과 형벌이라는 서로 다른 세계가 우리를 기다리고 있다는 관념은 고대 이집트부터 중국의 민간 신앙에 이르기까지 다양한 신화와 서사 전통에서 나타나고 있다. 또 죽음 역시 하나의 과도기에 불과하며, 삶과 마찬가지로 일시적으로 머무는 상태라고 생각하는 사람들도 많다. 불교, 시크교, 힌두교를 믿는 사람들은 대부분

환생을 믿는데, 이는 사람이 이 세상에서 죽은 후에는 다른 육체적 형태로 다시 태어난다는 생각이다. 또 아브라함을 믿음의 조상으로 여기는 세 종교(기독교, 유대교, 이슬람교를 가리킨다-옮긴이)는, 살아 있는 사람이든 죽은 사람이든 모든 사람은 종말의 시간이 오면 모두 나와 최후의 심판을 받게 될 것이라고 주장한다.

그렇다면, 그러니까 생물학적 죽음이 종말을 알리는 신호가 아니라면… 무엇이 종말을 알리는 신호일까? 대부분의 사람들은 육체적 죽음을 적어도 이 특정한 실존 상태의 종결로 간주한다. 하지만 인도에서는 장작더미 위에 놓인 시신의 두개골이 부서지고 영혼이 떠나간 후에야 죽은 것으로 간주한다.[12] 반면, 인도네시아의 외딴 섭정지인 '타나 토라자'에서는 동물을 제물로 바치고 그에 걸맞은 호화로운 장례식을 치르며 기린 후에야 비로소 그 사람을 죽은 것으로 간주한다. 그 전까지는 그저 병들었거나 잠들어 있다고 여기는 것이다. 남태평양의 일부 문화권에서는 우리가 잠들거나 아플 때 등을 통해 삶의 작은 조각들이 평생에 걸쳐 우리 몸을 떠난다고 믿기 때문에, 그들은 마지막으로 세상을 떠나기 전까지 여러 번 '죽는다'고 생각한다.[13] 이런 공동체에서 죽음은 단순한 사건이 아니라 사회의 점진적인 변화 과정이라고 할 수 있다.

우리가 죽음의 개념을 어떻게 이해하느냐에 따라, 사랑하는 사람이 세상을 떠난 후에도 오랫동안 우리가 살아가는 방식에 영향을 미칠 수 있다. 어떤 사람들에게는 삶과 죽음의 경계가 분명하게 구분되어 있지만, 어떤 사람들에게는 그 경계가 희미하고 모호하다. 어떤 사람들은 죽은 사람의 유해를 교회에 봉안하고 추모하지만, 어떤 사람들은 자신들의 집에 그 유해를 안장하고 추모한다. 또 죽은 사람이 자신과 사랑하는 사람들의 삶에서 강력한 중재자가 될 수 있다고 믿는 사람들도 많다. 심지어 죽은 사람과 소통하고 그들을 기리는 축제를 개최하는 공동체들도 많다. 또, 사람들의 영혼은 여전히 살아서 개인적으로 중요하게 여겼던 물건이나 장소에 연결되어 있다고 믿는 사람들도 있다. 죽음은 하나의 보편적인 사건이지만, 죽음을 정의하는 방식은 매우 다양하다. 우리가 죽음과 임종에 접근하는 다양한 방식에 대해 더 많이 알수록, 삶의 의미를 찾고 싶으면 먼저 죽음의 의미를 이해해야 한다는 사실을 더 깊이 깨닫게 된다.

죽음, 천의 얼굴을 가진 신

우리는 죽음이라는 불가사의에 사로잡혀 있다. 끝을 모르는 깊은 동굴, 심해 속, 광활한 우주에 대해 끊임없는 원초적인 갈망을 가지고 있는 것처럼, 어쩌면 가장 큰 미스터리일지도 모르는 죽음에 대해 알고 싶다는 갈망을 갖는 것은 당연할지도 모른다. 죽음은 우리의 마음을 완전히 빼앗아가는 미지의 세계이며 누구도 피해 갈 수 없다. 죽음은 우리가 처음 맞닥뜨리는 섬뜩한 공포이며, 다른 동물과 달리 인간은 한시도 죽음을 생각하지 않은 적이 없다.

죽음에 대해 너무나 깊이 생각하다 보니, 우리가 스스로에게 들려주는 이야기 속에서 죽음은 끊임없이 반복된다. 신화, 전설, 민담 등에서 죽음이 하나의 실체로 등장하면서, 우리는 궁극적으로는 이해할 수 없는 무언가에 이름과 얼굴을 부여하려는 열정적인 시도를 수없이 반복한다. 이러한 이야기 속에서 죽음은 때로는 위협적인 것, 때로는 저승사자, 때로는 정복해야 할 짐승, 때로는 달래야 할 힘, 때로는 그저 9시부터 5시까지 업무를 수행하는 사나이 등 다양하게 표현된다.

사신

아마도 사신은 죽음을 의인화한 이미지로는 전 세계적으로 가장 널리 알려져 있을 것이다. 유럽의 해골 형태에서 유래한 사신은 14세기 유럽에서 현재의 모습으로 표현되었다.[14] 당시 흑사병이 유럽 대륙을 휩쓸며 인구의 약 30~50%가 사망하는 일이 벌어졌다.[15] 사신은 수많은 트라우마와 죽음이 점철된 이 시대를 반영하듯 끔찍하게 묘사된다. 검은 옷을 입은 사신이 들고 있는 농부의 낫은 곡식 대신 죽을 수밖에 없는 영혼을 거두는 데 사용되는 도구다.

산타 무에르테

반면 '산타 무에르테'는 훨씬 더 인간적인 모습을 하고 있다. 그녀는 멕시코인들, 특히 해외로 이주한 멕시코인들로부터 성인으로 숭배받고 있으며, 폭력이 난무하는 곳에 사는 사람들 사이에서 매우 폭넓은 인기를 얻고 있다. 주로 교도관, 경찰관, 마약 밀매업자들이 열정적으로 그녀를 추종한다. 그러나 공정한 보호자이자 중재자로서의 명성도 높아서, 노인과 병자, 보수적인 가톨릭 사회 관습의 변두리에서 살아가는 사람들에게도 큰 사랑을 받고 있다. 실제로 각계각층의 사람들이 위험을 모면하게 해주고, 평화로운 죽음을 허용해주기를 바라는 마음으로 공공 제단을 세우고 그녀의 발 앞에 제물을 바친다. 죽음이여, 만세![16]

야마

힌두교, 불교, 중국 신화에 등장하는 '야마'는 죽음, 유령, 업보의 신이다. 힌두교의 리그베다(브라만교의 근본 경전-옮긴이) 찬가에 따르면 야마는 가장 먼저 죽은 존재였으며, 자신이 다스릴 지하 세계를 수립하고 인류가 따라야 할 길을 개척했다. 그곳에서 그는 안내자, 수호자, 심판관의 역할을 하며, 공정한 다르마라자(법의 왕)로서 죽은 자들을 다스리고, 마땅히 받아야 할 자에게 형벌과 보상을 내린다.[17]

오시리스

고대 이집트의 신 '오시리스'도 야마처럼 자비로운 왕이자 심판관으로서 죽은 자들을 다스렸다. 그러나 오시리스는 역설적이게도 생명, 다산, 그리고 농업의 신이기도 했다. 많은 사람들이 즐겨 읽는 오시리스 신화에서 그는 살해되어 시신이 토막 나지만 다시 부활하며 미라가 된 최초의 존재로 묘사되면서, 죽음의 신이자 죽음을 이긴 존재로 그 위상을 굳건히 하고 있다. 시간이 흐르면서 그의 신화적인 죽음과 부활이 매년 일어나는 나일강의 범람과 관련이 있는 것으로 여겨졌다. 실제로 나일강의 범람은 고대 이집트인의 삶의 모든 측면에 큰 영향을 미쳤다.[18]

코요테와 까마귀

코요테와 까마귀는 아메리카 원주민의 이야기 전통에서 죽음의 기원을 묘사하기 위해 반복적으로 등장하는 두 캐릭터다. 이야기꾼에 따라 이 중 하나는 다른 동물로 바뀌기도 하지만, 이야기는 대체로 두 동물 간의 논쟁으로 전개된다. 한쪽은 인류가 죽지 않고 불멸하기를 바라는 반면, 다른 쪽은 인류가 죽기를 바란다. 은라카파묵족(Nlaka'pamux)에 의해 전해지는 이야기 버전에서 까마귀는 사람이 죽기를 바란다. 그렇지 않으면 세상에 사람들이 너무 많아질 것이라고 생각하기 때문이다. 그러나 실제 이유는 죽은 사람의 시신을 먹고 싶기 때문이다. 반면 코요테는 죽음은 잠자는 것에 불과하다고 주장한다. 이 논쟁에서 결국 까마귀가 이기지만, 그 결과 까마귀의 딸이 먼저 죽게 된다. 까마귀는 몹시 당황하며 그 결과를 바꾸려고 애쓰지만, 영원한 사기꾼인 코요테는 이를 거부한다.[19]

죽음과 관련된 단어들

죽음은 우리의 신화와 전설에서 친숙한 모습으로 나타나곤 하지만, 그렇다고 해서 우리가 죽음을 문 앞에 두고 싶어 하는 것은 아니다. 오늘날 많은 사람들이 죽음이라는 주제를 직설적으로 말하기보다는 빙빙 돌려서 말한다. 가능하면 완곡어법과 은유로 죽음을 모호하게 표현하거나, 아이들에게는 되도록 죽음 이야기를 피하거나, 친구나 가족과의 중요한 대화에서 죽음이라는 주제는 최대한 미룬다. 죽음에 대한 우리의 감응은 그에 대한 두려움과 뗄 수 없는 관계를 지닌다.

우리는 죽음이라는 영적인 종말에 대해 서로 다른 의견을 가질 수 있지만, 사랑하는 사람을 영원히 잃는 것은 누구에게나 끔찍한 일이다. 많은 사람들에게 죽음(특히 예상치 못한 갑작스러운 죽음이나 폭력적인 죽음)은 최악의 불행이다. 이처럼 끔찍한 불확실성에 직면했을 때, 우리는 종종 미신이라는 작은 의식에 의지하게 된다. 사전적 정의에 따르면 미신이란 '무지, 두려움, 그리고 약간의 마법적 사고의 결합에서 나오는 믿음이나 관행'을 말한다.[20] 미신에 대해 회의적인 사람들은 미신적 사고를 일반적으로 비이성적이거나 터무니없다고 일축하지만, 삶과 죽음이라는 무작위적인 공포의 슬롯 머신을 어느 정도 통제하려는 수단을 갖고자 하는 것이 반드시 혁명적이지는 않다는 점을 주목할 필요가 있다. 업보라고 부르든 신의 심판이라고 부르든, 대부분의 주요 종교는 우리가 이 지상에서 어떻게 살기로 선택하느냐가 우리가 어떤 사후 세계를 맞이할 것인지에 직접적인 영향을 미친다는 생각을 핵심 교리로 삼고 있다. 다만, 종교와 문화적 서사는 죽음에 어떤 이름을 붙여 신비감을 없애려 하는 반면, 미신은 가능한 한 오랫동안 인간의 노력으로 죽음을 막으려고 시도한다는 것이 다를 뿐이다. 그러나 종교와 미신 모두 불확실성에서 비롯되는 온갖 불안감을 완화하는 역할을 하는 것은 똑같다고 할 수 있다.

숫자 4

숫자에 대한 미신은 많지만, 숫자 4와 관련된 미신만큼 강력하게 받아들여지는 건 없을 것이다. 동아시아 일부 지역에서는 자동차 번호판, 기술 제품 이름, 아파트 호실에 이 죽음의 숫자가 눈에 띄게 보이지 않는다. 이는 중국어와 중국어에서 파생된 언어들에 동음이의어가 많고, 그중 숫자 '4(四, sì)'와 죽음을 뜻하는 '사(死, sǐ)'가 어조만 다를 뿐 같은 발음이기 때문이다.

세 번의 노크

서양의 미신에 따르면, 세 번의 노크 소리를 듣고 문을 열었는데 문 앞에 아무도 없으면 가까운 사람이 죽었다는 신호다. 일반적으로 이상한 소리(삐걱거리는 소리, 벽을 두드리는 소리 등)가 연달아 들리면 죽음의 징조로 여겨지는 경우가 많다.[21]

엄지손가락 안으로 접기

일본에서는 묘지를 방문할 때 엄지손가락을 주먹 안에 숨겨야 한다는 강박관념을 느끼는 사람들이 있다. 일본어로 '엄지손가락'을 문자 그대로 번역하면 '부모의 손가락'을 의미하기 때문이다. 엄지손가락을 안으로 접는 것은 부모님을 죽음으로부터 보호하는 것으로 여겨진다.[22]

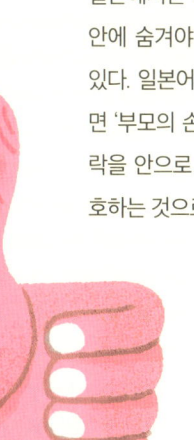

검은 고양이

우리가 좋아하는 고양이 친구들에게는 안타까운 이야기지만, 검은 고양이는 오랫동안 유럽 민담에서 마법, 이단, 그 외의 다른 악들과 연관되어왔다. 널리 퍼진 한 이야기에 따르면, 1200년대에 교황령으로 이 불쌍한 고양이들을 악마의 화신으로 선포했고, 겁에 질린 농민들이 고양이들을 모닥불에 던져 대량 학살했다고 전해진다. 물론 이런 이야기들 대부분은 그 출처가 불분명하지만,[23] 오늘날에도 길을 가로지르는 검은 고양이를 임박한 파멸이나 죽음의 징조로 여기는 사람들이 여전히 많다.[24]

거울 가리기

유럽, 아메리카, 아시아 일부 지역에서는 여러 가지 다양한 이유로 거울을 가리거나 돌려놓거나 뒤집어놓는다. 어떤 사람들은 자신이 죽은 후의 모습이 거울에 비친 것을 보게 되면 조만간 자신이 죽는다고 생각하고, 또 어떤 사람들은 죽은 사람의 영혼이 혼란스러워하거나 갇히는 것을 막기 위해 거울을 가려야 한다고 생각한다.[25]

숨 참기

서양 전역에서 주목할 만한 또 다른 미신은, 묘지를 지날 때 근처의 영혼이 자신의 몸으로 들어오는 것을 막기 위해 숨을 참아야 한다는 것이다. 이런 믿음은 사람의 호흡이 종종 영혼의 개념과 연결된다는 사실에서 기인한 것으로 보인다. 실제로 일부 언어에서는 호흡과 영혼이라는 단어가 동일하다(히브리어의 'ruach', 그리스어의 'pneuma', 라틴어의 'spiritus').[26]

사람이 죽으면

우리가 죽으면
일어나는 일

"우리의 마지막 날이 완전한 소멸을 의미하는 것이 아니라
단지 우리가 사는 주거지를 바꾸는 일이라면, 그보다 더 좋은 일이 어디 있겠는가?"

- 키케로, 로마의 정치가이자 철학자

PART 1

매장

검증된 사실

아주 먼 옛날부터 시작해보자. 인류의 수많은 장례 관습 중에서 죽은 자를 매장하는 의식은 기록상 가장 오래된 의식이다. 이 매장 의식이 그렇게 오랫동안 이어져온 데에는 여러 가지 이유가 있지만, 그중 첫 번째 이유는 매장이 매우 실용적인 기능을 하기 때문이다. 부패한 시신에서는 나쁜 냄새가 나므로 사람들은 할머니의 시신이 번잡한 일상생활 속에서 썩도록 내버려두지 않으며, 또한 야생 동물에 의해 갈기갈기 찢겨 먹이가 되는 것도 원하지 않는다. 게다가 매장은 적어도 표면적으로는 절차가 복잡하지 않고 간단해 보인다. 발밑으로 흙을 조금만 파고 시신을 묻는 데는 그리 많은 수고가 필요하지도 않다. 결국 역사를 통틀어 볼 때, 매장은 죽은 자를 가까이에 두되 눈에 띄지 않게 하는 편리하고 현명한 방법임이 오랜 세월을 두고 입증되었다고 할 수 있다.

그러나 수십만 년 전에 부장품들을 함께 묻는 의도적인 매장이 등장한 것은, 일상생활의 실질적인 문제를 초월하는 의례적 행위가 이미 시작되었음을 알려주는 신호다. 매장이 정말로 인류의 가장 오래된 장례 의식인지는 확실히 말할 수 없지만, 우리가 분명히 알 수 있는 것은 적어도 10만 년 전부터 죽은 사람을 의도적으로 어떤 의식을 통해 매장해왔다는 사실이다. 이스라엘 이스르엘 골짜기에 있는 카프제 동굴에 살았던 우리의 고대 조상들은 다마사슴(등에 하얀 점들이 있는 유럽산 작은 사슴-옮긴이) 뿔을 손에 든 아이를 묻었고,[1] 그로부터 수천 년 후,[2] 프랑스의 '라 페라시'에 사는 우리의 진화론적 사촌들은 뼈 파편 및 석기 조각과 함께 네안데르탈인 동료 8명을 묻었다.[3]

분명히 그들은 무언가를 알고 있었다. 우리 인류는 수천 년 동안 거의 끊임없이 이 전통을 이어왔기 때문이다. 그들은 예상치 못한 곳에, 놀라운 보물들과 함께, 그리고 각기 다른 화려한 의식을 치르며 시신을 묻어왔다.

개미도 장례식을 한다고?

죽은 자를 묻는 동물은 인간만이 아니다. 개미, 흰개미, 벌도 오랫동안 네크로포레시스(necrophoresis, 그리스어로 '죽은 자'를 의미하는 necros와 '운반'을 의미하는 phoresis에서 유래)라고 알려진 '시체 운반 행동'을 하는 것으로 알려져 있다. 이는 병원균의 확산을 막기 위해 죽은 개체를 식별하고 제거하는 행동이다. 어떤 개미 종은 시체를 둥지 안이나 밖에 있는 '묘지'로 옮기는 전문 장의사를 두고 있으며, 또 어떤 개미 종은 둥지 동료의 시체를 흙이나 다른 둥지 아래에 묻는 모습이 관찰되었다.[4] 코끼리나 침팬지 같은 사회적 동물도 친족의 시체 위에 나뭇잎과 나뭇가지를 쌓아 올리는 모습이 관찰되었는데,[5] 이들은 죽은 동료의 시체와 유골에 오랜 호기심과 애착을 보이며, 개인적인 관계가 있든 없든 며칠 동안 계속 그들의 유해를 운반하거나 지키곤 한다.[6]

6피트 아래

오늘날 시신은 대개 관에 담아 안치하는 것이 관례다. 시신을 안치하는 데 사용하는 관은 소득 수준에 따라 화려한 대리석 석관부터 소박한 나무 상자에 이르기까지 다양한 형태를 취한다. '관(coffin)'과 '고급 장식궤(casket)'라는 단어가 종종 혼용되기도 하지만, 일반적으로 관은 6개의 면이 있고 한쪽 끝이 좁아지는 육각형 나무 용기를 의미하며, 고급 장식궤는 보통 일자형 직사각형 모양을 띤다.

관이라는 보호막에 갇혀 영원한 잠에 드는 것이 평화롭게 보일지 모르지만, 19세기 유럽과 북미의 선량한 사람들에게는 결코 그렇지 않았다. 상상해보라. 콜레라가 마을을 휩쓰는 데다, 당시의 의학 지식으로는 누군가의 실제 사망 여부를 판단하는 것조차도 불안정했던 시기에, 그 시대의 많은 사람들처럼 당신도 산 채로 매장될 수 있다는 것을 생각하면 공포를 느끼는 것은 당연하다. 오죽하면 에드거 앨런 포가 1844년에 「생매장」이라는 적절한 제목의 단편 소설을 썼겠는가. 이러한 집단 히스테리로 이른바 '안전관'이 등장하기도 했다. 담배 연기 관장(사람의 직장에 담배 연기를 주입하는 것. 유럽 의사들이 다양한 질병에 대한 의학적 치료법으로 사용했다-옮긴이)과 보다 더 창의적인 신체적 고문 방식[7]으로

도 죽은 것으로 추정되는 사람을 되살리지 못했을 때, 죽은 사람이 마음만 먹으면 깨어날 수 있도록 공기관, 종, 깃발, 불빛이 장착된 관이 사용된 것이다. 심지어 어떤 사람들은 스프링이 장착된 뚜껑이 달린 관을 만들어달라고 의뢰하기도 했다. 이러한 관에 대한 특허는 넘쳐났지만, 병사로 추정되는 경우 외에 돌발적 사고로 생매장되는 사례는 거의 없었다.[8]

매장과 관련된 오해에 대해 말하자면, 흔히 '6피트(1.8m) 아래'라고 말하지만 요즘에는 보통 시신을 6피트까지 깊게 묻지는 않는다. 그러나 그런 깊이로 묻는 관행이 한때 존재했던 것은 사실이다. 아마도 동물이나 도굴꾼이 시신에 접근하는 것을 막기 위한 방편으로 그랬을 것이다. 혹은 15세기 영국에서 전염병이 창궐하면서 런던 시장이 전염병 확산을 막기 위해 모든 시체를 그 정도의 깊이로 매장하도록 명령한 데서 유래했을 가능성도 있다. 오늘날 미국의 무덤은 대부분 깊이가 4~5피트(1.2~1.5m)이고 관 위에 1~2피트(30~60cm)의 흙을 덮는다.[9] 오늘날의 많은 매장 방식은 생각만큼 영구적이지 않다. 홍콩처럼 토지가 부족한 도시에서는 무덤을 20년에서 30년 동안 임대한 후 다른 가족에게 양도한다.[10] 싱가포르의 경우 임대 기간이 훨씬 짧아서 최대 15년으로 정해져 있으며, 그 후에는 시신을 파내 더 작은 터에 다시 묻거나 화장시켜 납골당으로 이장한다.[11]

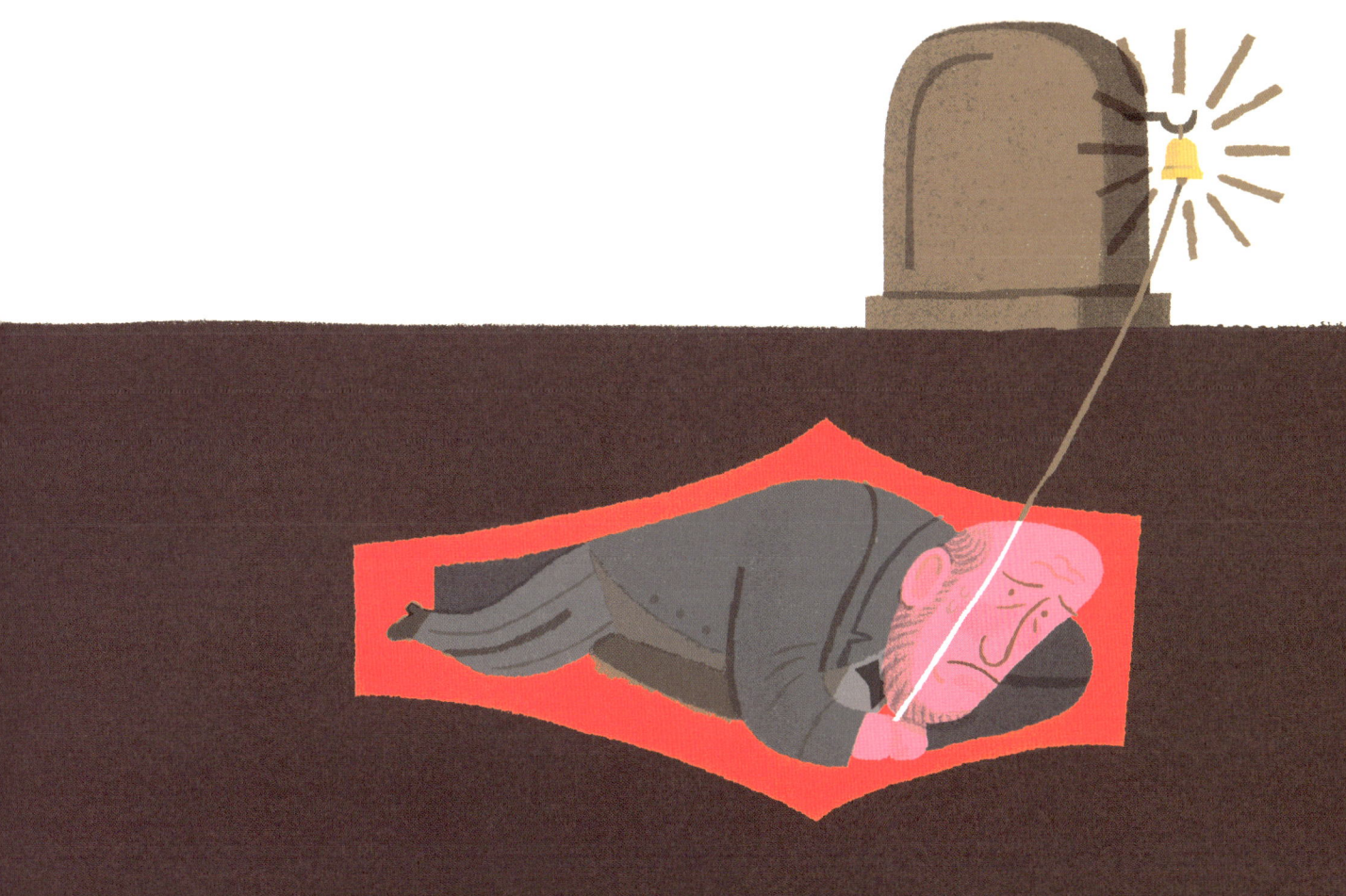

장례식에 재미를 더하다

관으로 쓸 단순한 나무 상자 이상의 것을 찾는다면, 가나 사람들의 화려한 관에서 영감을 얻을 수 있을 것이다. 가나의 그레이터아크라주에서는 지역의 영향력 있는 사람이 죽으면 오카디 아데카이(okadi adekai), 즉 '판타지 관'이라고 불리는 화려한 색상의 맞춤 관에 넣어 매장한다. 이 맞춤 관은 몇 명의 목수들이 죽은 사람의 과거 직업이나 관심사에서 영감을 받아 수작업으로 제작하며 매우 환상적인 모양을 띤다. 복잡한 모양의 관은 하나 제작하는 데 3주까지 걸리기도 한다. 이런 관을 만드는 기술은 배우기 매우 어렵기 때문에 견습 목수의 경우 최대 4년까지 훈련을 받는다. 다행히 가나에서는 사람이 죽은 지 거의 1년이 지난 후에 장례식을 치르기 때문에 관 제작자들이 관을 만들기에는 충분한 시간이 주어진다.[12]

이런 환상적인 관을 사용하는 것은 비교적 최근에 시작되었지만,[13] 이는 족장이나 왕을 장식용 가마에 묻는 훨씬 오래된 전통의 정신적 계승이라 할 수 있다.[14] 장식용 가마는 대개 가족을 상징하는 모양을 띠고 있는데, 이는 이러한 가족 상징이 죽은 자를 영혼으로부터 보호한다고 믿었기 때문이다.[15] 이들 가나 사람들의 장례식에는 음악 행렬이 뒤따르기 때문에 활기가 넘친다.

물고기
가나의 관들은 죽은 사람의 과거 직업을 떠올리게 한다. 예를 들어, 어부가 죽으면 대개 물고기 모양의 관에 묻힌다.

자동차
현대적인 면과 부의 궁극적 상징인 메르세데스-벤츠도 관 모양으로 많이 선택된다.

사자
사자는 가문을 나타내는 대표적 숭배 동물로 많은 관에 사용된다.

비행기
어떤 관은 출세 지향적 모양을 추구한다. 비행기 모양의 관은 항상 수요가 많으며, 특히 비행기를 타본 적이 없는 사람들에게 인기가 많다.[16]

절벽에 매달려 있는 관

흥미로운 관에 묻히는 사람이 있는가 하면 흥미로운 장소에 묻히는 사람도 있다. 만약 관이 화장장에서 소각되어 재로 변하지 않고 어딘가에 남겨진다면, 땅에 묻히는 것이 일반적이다. 하지만 필리핀 북부 산악 지방 '사가다'에서는 지난 2,000년 동안 죽은 자들이 동굴이나 석회암 절벽의 벽에 묻혔는데, 사람들은 이를 '매달려 있는 관'이라고 부른다.

계곡 곳곳에는 수백 개, 어쩌면 수천 개의 그런 관들이 여기저기 매달려 있다. 이곳의 토착 부족인 이고로트족은, 죽은 자를 높은 곳에 매달아놓으면 홍수와 동물로부터 시신을 안전하게 보호할 수 있을 뿐만 아니라 죽은 자가 조상의 영혼에 더 가까워진다고 믿는다. 마을의 유지급[17] 원로나 그 가족들은 죽음을 준비하기 위해 자신의 관을 나무로 직접 조각한다.[18] 또 시신의 피나 체액에 닿는 것을 행운의 징조로 여기기 때문에, 누군가가 사망하면 시신을 담요나 시트로 감싸 집 밖으로 옮긴 후 친척들 사이로 마치 '공처럼' 굴린다. 사람이 죽으면 어머니의 자궁으로 되돌아간다는 의미로 죽은 자는 태아 자세로 웅크린 채 안치되며,[19] 관은 받침대를 사용해 들어 올리거나 덩굴에 엮어 선반처럼 튀어나온 바위나 절벽에 박힌 기둥 위에 내려놓는다. 시간이 지나면서 관과 그 안에 담긴 시신은 모두 분해되어 먼지로 되돌아간다. 어떤 시신은 관을 받쳐놓은 석회암 바위에 완전히 석회화되기도 한다.[20]

한때 필리핀 전역에 널리 퍼졌던 이 의식은 이제 이 지역의 독특한 관습으로 남아 있다. 필리핀 군도가 3세기 동안 스페인의 통치를 받았지만 사가다 지역은 스페인의 영향을 거의 받지 않았는데, 이는 이 지역이 매우 고립되어 있었기 때문일 것이다. 오늘날 이 지역 주민 대부분은 기독교인이지만, 동물이나 식물, 그리고 어느 특정 장소에 영적인 에너지가 깃들어 인간을 지배한다는 믿음에 뿌리를 둔 옛날의 정령숭배적 관습은 여전히 많이 남아 있다. 그래서 이 지역에서는 영국 성공회와 세계 어느 곳에서도 찾아볼 수 없는 정령숭배적 신앙이 독특하게 혼합되어 있다. 오늘날 가족들이 모두 병에 걸리는 등 어려움을 당할 때에는, 성공회 교회(스페인이 필리핀을 미국에 양도한 무렵인 1890년대에 미국 선교사들이 세웠던)의 묘지에 기독교 방식으로 매장했던 시신을 다시 파내 수의를 갈아입혀 같은 장소에 다시 매장하는 관습이 있는데, 이는 원주민 전통에서 유래한 것이다. 이와 마찬가지로, 절벽에 매달려 있는 관 옆면에 성경 구절이 새겨져 있거나 십자가가 가로놓여 있는 경우도 많다.[21]

아메리카 원주민의 끔찍한 경험

시신을 높은 곳에 매장하는 관습이 이고로트족에게만 있는 것은 아니었다. 태평양 건너 북미 대평원에 사는 수족(Sioux)도 시신을 8피트(2.4m) 높이의 나무나 단에 매장하는 공중 매장 관습을 이어오고 있다. 그런데 아메리카 원주민의 이야기 전통에서 공통적으로 나타나는 점은 죽음을 좋다거나 나쁘다고 묘사하는 경우가 거의 없다는 것이다. 그들은 죽음을 삶의 자연스러운 일부로 묘사한다. 수족은 부족원이 죽으면 방수가 되도록 시신을 물소 가죽으로 감싸 단단히 묶는다. 그런 다음 비바람과 포식자로부터 보호하기 위해 장례 전용으로 만든 높은 받침대 위에 올려놓고 자연적으로 부패할 때까지 두었다가, 완전히 부패되면 뼈를 모아 땅에 묻는다. 시신을 받침대 위에 안치할 때, 죽은 자의 생전 관심사나 재능에 관련된 다양한 물건들을 함께 묻는 경우가 많았다. 예를 들어 유명한 사냥꾼인 경우 활과 화살, 재능 있는 무두장이(짐승의 날가죽에서 털과 기름을 뽑아 가죽을 부드럽게 만드는 일을 직업으로 하는 사람-옮긴이)인 경우 살을 발라내는 도구, 치료사인 경우 약 보따리를 함께 묻었다. 시신은 대개 그가 살던 정착지 근처에 안치되었는데, 하늘을 배경으로 한 장례 받침대의 경건한 모습은 살아 있는 자들에게 위안을 주었을 것이다.[22]

물론, 수 세기 동안 원주민들에게 가해진 폭력을 언급하지 않고서는 원주민의 장례에 대한 이야기를 완전히 이해할 수 없을 것이다. 사실 북미 전역의 원주민 시신들은 박물관, 인류학자, 진귀한 유물들을 수집하고자 하는 개인 수집가들에 의해 크게 훼손되어왔다. 이 과정에서 시신은 물론 시신과 함께 묻혔던 물건들도 해당 부족에게 어떠한 의견도 구하지 않은 채 무덤에서 약탈되어 이장되고, 연구 대상이 되고, 전시되었다. 이러한 폭력 행위는 1600년대까지 거슬러 올라간다. 당시 순례자들은 나우셋족의 시신을 약탈했고, 심지어 왐파노아그족의 추장인 메타코멧의 머리는 창에 꽂힌 채 매사추세츠주 플리머스의 버리얼힐이라는 곳에 20년 동안 전시되기도 했다. 무덤의 훼손은 19세기에 절정에 달했다. 1851년에는 철도 건설을 위해 로드아일랜드주 버즈힐에 있는 2,500년 된 고분에 안치된 유해를 강제로 이장하는 끔찍한 사건이 벌어지기도 했다.[23]

아메리카 원주민의 시신에 대한 이러한 노골적인 무시는 1979년 히트한 스튜어트 로젠버그 감독의 영화 「아미티빌의 저주」부터 스티븐 킹의 1983년 소설 『애완동물 공동묘지』에 이르기까지 공포 이야기의 소재로 대중문화에 그대로 스며들었다. 아메리카 원주민의 묘지와 그들의 고대 영혼들이 나타나 벌이는 소동은 유령 출몰이나 기타 초자연적인 사건들을 설명하는 데 너무나 자주 사용되어 이제는 진부하고 상투적인 표현이 되었을 정도다. 이야기는 정말로 끔찍하다. 하지만 의도치 않게 복수심을 품게 된 유령들로부터 두려움에 떨며 도망치는 영화 속 허구의 가족들이 끔찍하다는 것이 아니라, 오랜 세월 동안 사람들에게 잊히고 동화될 수밖에 없었던 원주민들, 전통과 집, 조상의 유해를 모두 빼앗긴 수많은 실제 역사 속 원주민들의 입장에서 볼 때 정말로 끔찍하다는 의미다. 게다가 원주민의 영혼들이 오히려 침입자인 것처럼 교외의 주택을 파괴하는 모습으로 묘사되는 것은 더욱 모욕적이라 하겠다.

1990년 원주민 무덤 보호 및 반환법(NAGPRA)이 통과된 후에야 부족들은 미국 연방 기관과 박물관의 소장품으로 전시된 수천 개의 물건들과 유해를 되찾는 데 필요한 법적 지원을 받을 수 있게 되었다.[24] 150년이 넘게 지난 2017년에, 버즈힐의 유해도 마침내 원래 매장지로 되돌아올 수 있었다.

중대한 불의

그러나 완전한 회수를 위한 투쟁은 지금도 계속되고 있다. 2023년 말, 비영리 조사 보도 기관인 프로퍼블리카는 약 9만 7,000점의 원주민 문화재가 미국 전역의 박물관에 소장되어 있으며, 약 180개 기관은 아직 반환을 시작하지도 않았다고 보도했다.[25] 이미 사라져버린 유물의 경우 상황은 더욱 복잡하다. 19세기 중반부터 20세기까지 미국과 캐나다 전역에 600개가 넘는 정부 지원(또는 교회가 운영하는) 기숙학교가 설립되었고,[26] 당시 네 살밖에 되지 않은 어린아이를 포함해 수많은 아이들이 강제로 끌려가 가족과 집에서 수 킬로미터 떨어진 이 시설로 들어갔다. 아이들은 그곳에서 노동 착취를 당하고, 원주민 언어로 말했다는 이유로 잔혹하게 구타당했으며, 온갖 신체적·성적 학대를 당하고, 독감이나 결핵 같은 치명적인 질병에 노출되었다(영양실조로 이미 약해진 학생들은 이런 질병을 거의 견디지 못했다). 결국 대부분의 학생들은 집으로 돌아오지 못했다. 한 보고서에 따르면 미국 전역의 이러한 학교 19곳에서만 500명 이상이 사망한 것으로 추정되지만, 실제 사망자 수는 수천 명에서 수만 명에 이를 정도로 훨씬 더 많을 것으로 보인다. 아이들 중 상당수가 그들의 공동체와는 멀리 떨어진 곳에, 부족의 전통 관습이 전혀 고려되지 않은 임시 무덤이나 표식조차 없는 무덤에 묻힌 채 발견되었다.[27] 오늘날 이 아메리카 원주민 기숙학교들은 문화적 대량 학살의 도구였던 것으로 밝혀졌다. 100년이 넘는 세월 동안 이들에게 깊은 상처를 안겨주었던 미국 정부는 마침내 2009년, '원주민 자녀들을 가족과 멀리 떨어진 기숙학교로 강제 이주시켜 원주민 관습과 언어를 폄훼하고 금지한 행위'에 대해 공식 사과했다. 그리고 2016년에, 미국 최초의 원주민 기숙학교인 칼라일인디언산업학교에 묻힌 유해가 각 부족으로 송환되기 시작했다. 이 송환은 현재까지 계속 진행 중이다.[28] 이후 많은 부족들이 실종된 시신을 찾기 위해 지반 탐사 기술을 사용하고 있지만, 이 잔혹한 참사에서 살아남은 사람들에게는 치유를 향한 긴 여정이 이제 막 시작되었을 뿐이다.

슬픔과 신에 대하여

고대 그리스인에게 매장은 단지 슬픔을 표현하는 것 이상으로 매우 중요한 일이었다. 죽은 사람을 매장하지 않는 것은 인간의 존엄성을 크게 모욕함은 물론 신을 욕하는 행위로 여겨졌다. 사실, 누군가를 제대로 매장하지 않는 것은 너무나 무례한 일로 간주되었기 때문에 극악무도한 범죄자에게만 허용되었고, 아군이든 적군이든 전쟁 중 전사자를 제대로 매장하지 않는 것은 사형에 처할 정도의 범죄로 여겨졌다.[29] 헬레니즘 시대에 죽음은 불순하고 신들에게 혐오스러운 것이라는 생각이 널리 퍼져 있었으며, 신전이나 델로스섬 같은 성지에서는 죽음 자체가 엄격히 금지되었다. 그리스의 역사가 투키디데스에 따르면, "델로스섬에서 죽은 자들의 무덤은 모두 파헤쳐졌고, 앞으로 델로스섬에서 어떤 죽음이나 출산도 허용하지 않는다는 선포가 내려졌다. 죽거나 출산하려는 자들은 레니아섬으로 옮겨 가야 했다."[30] 집에서 사람이 사망하면 직계 가족, 물, 심지어 벽난로까지 자동으로 오염되는 것으로 여겨졌고, 거리에서 사망하면 도시 전체 구역의 오염을 제거해야 했다.[31]

그리스인들은 죽음의 순간에 입이나 전쟁 중 입은 상처를 통해 영혼이 몸에서 빠져나간다고 믿었다.[32] 그래서 영혼이 빠져나간 후에 매장을 위한 준비를 시작했다. 매장은 주로 가까운 여성 친척들이 행했으며, '프로테시스(prothesis)', '에크포라(ekphora)', '매장'이라는 세 단계로 이루어졌다.[33]

이러한 장례 절차를 수행할 여력이 있는 부유한 사람들의 무덤에는 장례 조각상과 시구로 장식된 대리석 비석이 세워졌다. 죽은 사람의 삶의 장면들을 양각으로 새겨 넣은 비석도 있다. 많은 사람들이 고대 그리스 비석을 흰색의 맨 대리석으로 생각하지만, 그 당시에는 이러한 조각상과 시구가 생생하게 그려져 있었다.[34]

프로테시스(시신 안치)

법에 따라 시신은 실내(대개 고인의 집)에 안치되어야 했다. 그곳에서 씻기고, 기름을 바르고, 붉은색이나 흰색 옷을 입혔다. 그런 다음 친구와 가족이 조의를 표할 수 있도록 시신을 안치했다. 전통적으로 남성은 오른손을 들고 시신에 다가갔고, 여성은 슬픔의 표시로 머리와 가슴을 쳐야 했다.

에크포라(장례 행렬)

대개 새벽 전에 말이나 노새가 끄는 수레에 시신을 싣고 성벽 바깥의 마지막 안식처로 날랐다. 대로는 되도록 피했고, 법에 따라 시신은 천으로 덮고 얼굴만 드러내야 했다.

매장

초기 매장 관습에서는 대부분 부장품을 많이 넣지는 않았지만, 후기 매장 관습에서는 새로운 전통이 생겨났다. 예를 들어 '오볼'이라는 동전을 죽은 자의 입에 넣어두는 풍습이 생겼는데, 이는 죽은 자의 영혼을 삼도천을 건너 저승으로 운반하는 뱃사공 카론에게 주는 요금이었다.

저승 세계 하데스로 가는 길

다른 많은 민족과 마찬가지로 고대 그리스인도 죽음이 끝이 아니라 새로운 무언가의 시작이라고 믿었다. 바로 산 자에게는 보이지 않는 내세, 즉 어둡고 축축하고 전반적으로 우울한 '하데스'라는 다른 세계가 있다는 것이다. 이곳에서는 그림자라고 불리는 수많은 죽은 자의 영혼들이 떠돌아다니며, 죽은 자들을 다스리는 신 하데스, 그의 아내 페르세포네, 그리고 세 개의 머리를 가진 케르베로스의 지배를 받는다. 하데스는 일반적으로 재판관이나 잔인한 고문관으로 묘사되지는 않지만, 많은 그리스인은 하데스가 엄격하고 무자비하며 기도나 희생 같은 것에 전혀 마음이 움직이지 않는, 마치 죽음 그 자체와 같은 존재라고 생각했다. 그리스인들의 사후 세계에 대한 해석은 시대를 거치며 다양한 출처를 통해 다양하게 진화해왔지만, 고대 그리스 문헌에는 다음 여러 곳이 반복해서 언급된다.[35]

세상을 둘러싸고 있는 강, 오케아노스

호메로스는 『오디세이』에서 하데스로 가는 여러 경로를 제시한다. 어두운 지하 통로를 통해 들어갈 수도 있고, 배를 타고 서쪽 바다로 나가 산 자와 죽은 자의 경계를 이루는 오케아노스의 가장자리를 넘어갈 수도 있다.

스틱스강

하데스에 도착하면, 당신의 시신이 아직 매장되지 않은 경우 하데스의 수많은 강들 중 가장 유명한 스틱스강을 건너는 게 불가능하다는 사실을 알게 될 것이다. 그러니 카론의 나룻배에 오르기 전에 시신 매장 여부를 꼭 확인해야 한다(스틱스강과 유사한 개념으로 기독교의 '요단강', 불교의 '삼도천' 등이 있다–옮긴이).

축복받은 자들의 섬, 엘리시움

호메로스와 헤시오도스에 따르면, 엘리시움은 지구의 서쪽 끝, 오케아노스 강변에 있다. 이 아름답고 햇살 가득한 낙원에서 전설 속 영웅들이 영원히 고통 없는 쾌락의 삶을 누리고 있다. 초기 작가들은 신의 총애를 받는 자만이 엘리시움에 들어갈 수 있다고 주장했지만, 핀다로스가 살던 시대(기원전 6세기경)에 와서는 명예롭게 사는 모든 사람이 도달할 수 있는 목표가 되었다.[36]

아스포델로스의 들판

평범한 영혼들의 중립적인 영역으로, 대부분의 사람들이 최종적으로 도착하는 곳이다. 보통 사람들을 위한 평범한 장소이니, 더 높은 곳을 목표로 하시라!

타르타로스

호메로스는 타르타로스를 '하늘이 땅 위에 있듯이, 하데스의 아주 아래에 있는' 고통과 괴로움의 어두운 심연이라고 묘사했다. 올림포스 신들에게 버림받은 대부분의 티탄 신들의 고향이자, 신들의 전지전능함을 시험하기 위해 자신의 아들을 죽이고 신들에게 먹이려 했던 탄탈로스 왕 같은 다른 이름난 인물들의 고향이기도 하다. 이 어리석은 짓으로 그는 마실 수 없는 물과 만질 수 없는 과일에 둘러싸인 영원한 좌절의 형벌을 선고받았다. 타르타로스에서 악인들은 응분의 벌을 받는다.

천국으로 가는 계단

"마음이 청결한 자는 복이 있나니 그들이 하나님을 볼 것임이요." - 마태복음 5:8

내세에 대한 관념이 조금이나마 정립된 문화권은 많지만, 기독교의 천국과 지옥만큼 널리 알려진 이미지는 없을 것이다.

기독교를 믿는 사람은 전 세계적으로 약 24억 명에 달하며, 이는 전 세계 인구의 3분의 1이 넘는 수치다.[37] 기독교는 신학 교리, 역사, 조직, 지도력, 그리고 심지어 장례 전통에 따라 다양한 작은 교파로 나뉜다.[38] 그러나 모든 기독교파는 예수 그리스도의 삶과 죽음, 그리고 부활에 대한 믿음과 숭배에서 어느 정도 일치하며, 예수의 가르침은 기독교인들의 삶과 죽음의 방식과 불가분의 관계를 맺고 있다.

성경에는 예수가 인류의 죄를 속죄하기 위해 희생되었으며, 세마포와 향료로 감싸인 동굴 장례식이 이어지고, 3일 후 죄와 죽음을 모두 이기고 기적적으로 부활하신 이야기가 담겨 있다. 초기 기독교인들은 예수가 매장된 것을 본받아 유대인의 화장 금지령을 고수했다. 죽음 가운데 육신을 온전히 보존하는 것이 무엇보다 중요했기 때문이다. 이는 단순히 '성령이 거하는 전'[39]으로서 자신의 육신의 신성함에 대한 존중뿐만 아니라, 심판의 날에 육신이 다시 부활한다는 믿음이 널리 퍼져 있었던 것에 기인한다.

기독교인들은 궁극적으로, 영혼이 의롭고, 회개하며, 충실하다는 심판을 받아 천국에 들어갈 수 있기를 바랐다. 천국은 끝없는 기쁨과 잔치, 그리고 노래가 있는 곳으로, 축복받은 죽은 자들은 천국에 영원히 거한다고 믿었다. 다만 천국을 영혼이 최후의 심판 때까지 머무는 일종의 초월적 대기실이라고 생각하는 교파(로마 가톨릭교)도 있지만 말이다. 최후의 심판 날에 영혼이 죽을 수밖에 없었던 육신과 재결합하고, 의로운 심판을 받은 경우 부패하지 않고 온전하며 죄에 물들지 않은 상태,[40] 즉 영원히 행복한 미래에 살게 된다고 믿는다.

지옥으로 가는 고속도로

"그러나 두려워하는 자들과 믿지 아니하는 자들과 흉악한 자들과 살인자들과 음행하는 자들과 점술가들과 우상 숭배자들과 거짓말하는 모든 자들은 불과 유황으로 타는 못에 던져지리니 이것이 둘째 사망이라." - 요한계시록 21:8

반면, 대부분의 기독교인들은 누군가가 악하고 회개하지 않으면 그들의 영혼이 지옥, 즉 영원히 불타는 고통의 영역에서 형벌을 받는다고 믿는다. 지옥이 실제 장소를 말하는 것인지 아니면 단순히 고통받는 정신 상태를 말하는 것인지에 대해서는 의견이 분분하지만, 시대를 불문하고 작가와 예술가들은 지옥에 대한 추측을 멈추지 않았다. 아마도 가장 유명한 예는 이탈리아 시인 단테 알리기에리의 걸작인, 신을 찾는 우화적 서사 『신곡』일 것이다. 단테는 『신곡』에서 지옥을 지구 중심부로 내려가는 9개의 고리가 있는 깔때기로 묘사한다. 지옥은 본질적으로 거대하고 정교하게 조직된 고문 시설이며, 그곳에서 죄의 본질에 따라 체계적으로 형벌이 내려진다. 정욕에 불타는 자들은 그들의 불안을 상징하는 거센 바람에 휘둘리고, 탐식가들은 그들의 탐닉을 상징하는 추악한 진흙탕에 눕게 되며, 배신자들은 영원히 녹지 않는 얼음 호수의 얼음 속에서 살게 된다. 단테의 지옥에서, 당신은 자신에게 어떤 일이 닥칠지 알게 된다.[41]

어떤 기독교 교파(가톨릭교 등)는 천국과 지옥의 중간 상태, 즉 연옥을 믿는다. 연옥은 죄에 물들어 죽었지만 하느님의 은총으로 정화되기 위해 가는 곳이다. 이곳은 천국에 들어가기 위해 필요한 수준의 거룩함을 얻기 위해 일시적인 형벌이 내려지는 영역으로 여겨지기도 한다.

이 모든 것은 인간의 삶은 영광의 약속을 받을 수도 있지만 영혼이 영원히 저주를 받을 수도 있다는 기독교의 교리와 불가분의 관계에 있음을 말해준다. 그러나 기독교인들, 특히 부유하고 권력 있는 기독교인들은 그들이 저지른 죄에 대한 형벌의 양을 줄이는 방법을 찾아냈다. 물론 성경에서 가르치는 것처럼 자비와 신실한 삶을 사는 것이 우선이지만, 소위 면죄부를 받는 행위를 통해 선한 곳으로 가는 여정을 앞당길 수도 있다. 최초의 중요한 면죄 행위 중 하나는 1095년 교황 우르바누스 2세가 죄를 고백하는 십자군전쟁 참전 용사들의 죄를 사면해준 것이었다.[42] 그 이후로 수많은 이들이 영원한 구원을 얻거나 연옥에서 보내는 시간을 단축하기 위해 종교적 금식, 순례, 기도, 자선 행위에 참여해왔다.

죽음의 거래

그러나 이 모든 행위들이 너무 번거롭다면 언제든 다른 사람에게 위탁할 수도 있다. 17세기에서 19세기까지 웨일스 변경의 장례식에서는 죄를 '먹는' 사람들을 흔히 볼 수 있었다. 이는 웨일스 변경의 가장 외딴 마을에서도 찾아볼 수 있었는데, 그들은 대개 가난하고 절망에 빠진 소외 계층이었다. 시신 근처에 빵과 맥주를 오랫동안 놓아두면 그것이 죽은 사람의 악을 흡수한다고 생각하는 관습이 있었는데, 이들이 그 빵과 맥주를 먹고 돈을 받은 다음 접시와 항아리를 태우면 죄가 성공적으로 전가되었다고 여기는 것이다. 이들은 죄를 먹는다는 중요한 사회적 기능을 수행했음에도, 죽음과 악이 연상된다는 이유로 공동체에서 종종 배척되었다.[43]

얼굴을 하나님의 집 방향으로

이슬람교도들도 기독교인들처럼 신앙에 따라 엄격한 장례 절차를 준수한다. 그러나 이슬람 경전 코란은 성경과는 달리 적절한 장례 의식에 대해 거의 언급하지 않는다. 다만 예언자 무함마드의 말, 행동, 가르침을 기록한 '하디스'에 이슬람의 장례 의식이 자세히 설명되어 있는데, 통칭하여 '수나(sunna)', 즉 '예언자의 길'이라고 불리는 이 기록들이 이슬람의 종교적·도덕적 지침의 중요한 원천으로 사용되고 있다. 전 세계 약 20억 명의 무슬림44 중 대부분은 화장이나 방부 처리를 통해 시신을 훼손해서는 안 된다는 믿음을 공유하고 있다. 따라서 누군가 죽으면 가능한 한 빨리, 가급적이면 당일에 매장하는 것이 관례로 되어 있다.45 이러한 관습은 이슬람 율법에 그대로 반영되어 있으며, 중세의 저명한 이슬람 사상가들과 영적 지도자들이 저술한 여러 하디스 등 중요한 문헌에도 나타난다. 고고학자들이 중동에서 서쪽으로는 프랑스 남부 도시 님에 이르기까지 정확한 복장과 동일한 방향(메카 방향)으로 매장된 시신을 발견한 것으로 보아,46 이러한 장례 의식이 무슬림들 사이에 매우 보편적으로 퍼져 있었던 것으로 보인다.

매장 준비를 하는 과정에서 시신을 깨끗이 씻고 흰 천으로 감싸는 '구슬(ghusl)'이라는 의식이 치러진다. 이 의식은 죽은 자와 같은 성별에 속하는 존경받는 연장자나 가족이 수행하며, 시신이 외설적으로 보이지 않도록 조심스럽게 다루어야 한다. 이 과정이 완료되면, 시신을 관에 넣지 않고, 무슬림들이 하루에 다섯 번 기도하는 성지인 메카 방향, 즉 '키블라'를 향해 옆으로 눕혀 매장하는 것이 전통이다.

메카 북동쪽에는 현재 이라크의 성지 나자프의 광활한 묘지 '와디 알 살람(평화의 계곡)'이 자리 잡고 있다. 고대 무덤과 납골당이 넓은 사막을 가로질러 미로같이 펼쳐져 있는데, 그 크기가 뉴욕 센트럴 파크의 약 두 배에 달하는 세계 최대 규모의 묘지다.[47] 거의 1,400년 동안 계속 사용되면서 수백만 명에 달하는 무슬림 유해가 안치되어 있다. 이슬람 시아파의 초대 이맘(수니파에서 무함마드의 계승자를 지칭하는 '칼리프'와 동의어로 사용되었으나, 시아파가 분리되면서 절대적인 영적 권위를 지닌 현재의 이맘으로 발전했다–옮긴이)이자 예언자 무함마드의 사위인 알리 이븐 아비 탈리브의 성지 옆에 세워진 이곳은 이슬람 시아파의 신성한 장소 중 하나다. 이 묘지에는 지금도 매년 7만 5,000명의 유해가 안치되고 있지만,[48] 오늘날 와디 알 살람은 거의 포화 상태여서 이곳에 묻히려면 대개는 통로와 골목길을 따라 늘어선 수많은 지하묘지, 동굴묘지, 영묘 중 하나에 다른 50여 구의 유해와 함께 안치되는 것을 감수해야 한다. 하지만 적어도 외롭지는 않을 것이다.

전쟁과 평화

소박한 장례부터 과시적인 장례까지 다양한 장례 의식이 있지만, 통치자와 왕족의 정교한 무덤 구조도 심심찮게 볼 수 있다. 웨스트민스터사원에 있는 영국 군주의 조각 무덤부터 이집트와 우르(현재 이라크)의 왕조 시대 묘지에 이르기까지, 사회 최고 위층에서 중요한 역할을 하던 사람들이 죽어서도 그에 걸맞은 방식으로 안치되어야 한다는 생각은 동서고금을 막론하고 여러 문화권에서 공통으로 나타난다. 그런 중요한 인물들은 웅장하고 인상적이며 문화적으로 중요한 장소와 건축물에 묻혔을 뿐만 아니라 산더미처럼 쌓인 부장품과 함께 사후 세계로 보내졌는데, 대개 보석, 무기, 의복, 가구, 심지어 하인, 아내, 첩의 시신을 묻는 부속 무덤까지 갖춰져 있는 곳도 있다.

이러한 기념비적인 매장지들 중에서 거의 도시 규모인 진시황의 능만큼 인상적인 곳은 없을 것이나. 1974년, 시안 외곽의 리산 북쪽 기슭에서 우물을 파던 농부들이 우연히 실물 크기의 점토 조각상을 발견했는데, 그들이 발견한 것은 약 50km²가 넘는 무덤 단지에 묻힌 8,000명이 넘는 석조 전사 중 첫 번째 조각상이었다. 진시황릉은 일본의 닌토쿠 천황릉과 이집트의 쿠푸왕 피라미드와 더불어 세계 최대 규모의 무덤 단지 중 하나다. 7개의 국가를 하나의 왕조 아래 통일하고, 표준화된 문자와 화폐 체계를 도입하고, 만리장성을 설계한 황제에게 걸맞은 무덤이라 하겠다.

이 3층 구조의 거대한 지하 도시 건설은 진시황이 살아 있던 기원전 246년에 시작되어 기원전 210년 황제가 사망할 때까지 중단되지 않고 이어졌다. 제국 전역에서 70만 명이 넘는 노동자들과 장인들이 이 거대한 사업에 동원되었다.[49] 능 자체는 당시 수도였던 함양의 황제 궁궐 단지를 축소해 만든 것으로, 엄청난 양의 부장품이 보관되어 있다. 무기, 전차, 점토 전사, 말, 청동 장례 마차 등으로 가득한 이 화려한 능은, 죽음을 너무나 두려워해 재위 기간 내내 불로장생의 묘약을 끊임없이 찾았다고 전해지는 황제가 사후 세계에 필요한 모든 것을 자신의 마지막 안식처에 마련하기 위해 아낌없이 투자했음을 여실히 보여준다. 그러나 진시황릉을 유명하게 만든 것은 뭐니 뭐니 해도 단지 한가운데 있는 황제의 거대한 피라미드형 무덤을 2,000년 넘게 지켜온 점토 전사 '병마용'일 것이다. 계급에 따라 배치되고 그에 맞는 복장을 한[50] 섬토 전사들은 그 표정과 얼굴 생김새가 놀라

울 정도로 다양하다. 갑옷과 의상은 반복해서 등장하지만, 전사들의 머리는 귓불까지 모두 독특하며, 어느 한 쌍도 똑같은 것이 없다.[51] 또 전사들과 함께 마술사, 괴력사, 곡예사 등 다양한 예술가들의 모습도 보인다. 모든 조각상은 원래 밝은색으로 칠해져 있었지만, 이후 색칠의 상당 부분이 벗겨졌다. 황제의 실제 무덤은 발굴하기에는 너무 취약해져 봉인된 상태 그대로 남아 있다.[52] 하지만 기원전 2세기 역사가 사마천의 기록을 믿는다면, 황제의 무덤은 이 지역의 강과 하천을 나타내는 수은으로 만든 수로와 함께 '궁궐, 누각, 관저의 모형과 질 좋은 그릇, 보석, 희귀 유물들'로 가득 차 있을 것이다.[53]

기원전 206년 진나라가 멸망한 후, 죽은 자와 함께 석상을 매장하는 관습은 한나라 시대에도 그대로 이어졌다.[54] 물론 그 규모는 훨씬 작아졌지만 말이다. 중국 초대 황제인 진시황에 대한 평가는 효율적으로 일한 황제부터 폭군적인 황제까지 다양할 수 있지만, 그가 누구나 할 수 있는 쉬운 일을 했다고 말할 수는 없을 것이다.

마지막 항해

'파도 위를 표류하는 불타는 배'라는 일반적인 이미지와는 달리, 해상 매장이 일반적인 바이킹의 장례 의식이라는 고고학적 증거는 거의 없다. 당시 바이킹이라고 불렸던 여러 민족·문화·정치 집단에서 행해졌던 관습의 다양성을 고려할 때, 어떤 의식을 '일반적인' 바이킹 장례의 전형이라고 부르는 것은 적절치 않은 것 같다.

현재 우리가 '바이킹 시대'라고 부르는 시기는 오늘날의 덴마크, 노르웨이, 스웨덴뿐만 아니라 유럽 전역에 걸친 스칸디나비아 역사에서 서기 800년부터 1050년까지[55] 지속된 시기를 가리킨다. 이 시기에 북유럽인(바이킹)들은 무역을 하기도 했고, 정착해 살기도 했으며, 약탈을 자행하기도 했다. 이들의 구체적인 장례 의식은 정착지마다 달랐고, 일반적으로 화장과 매장을 모두 행했지만 매장은 비교적 드물었다.[56]

고대 그리스인들처럼 북유럽의 토속 신앙인들도 몇 개의 다른 영역에 걸쳐 내세가 존재한다고 믿었다.[57] 화장을 하든 매장을 하든 죽은 자가 저승 세계로 가지고 갈 수 있다고 믿었기 때문에 부장품을 함께 화장하거나 묻는 일은 매우 일반적인 관례였다. 계급 구조가 있는 모든 사회가 그렇듯, 죽음 역시 모두가 평등하지는 않았다. 어린이, 노예, 가난한 사람들은 매장 기록에 거의 등장하지 않기 때문에, 우리가 그 시대에 대해 아는 많은 정보는 부유한 사람들의 유해에서 얻은 것뿐임을 감안해야 한다.[58] 생전에 중요한 역할을 한 사람들은 대개 화장된 후, 지름 약 7.6m, 높이 15m에 달하는 무덤이나 흙과 돌로 된 봉분에 안치되었다.[59] 하지만 이러한 거대한 봉분도 바이킹 장례 의식의 정수인 해상 매장에 비하면 아무것도 아니다.

북유럽의 사후 세계에 대한 간략한 소개

헬

'헬(Hel)'이라는 존재가 다스리는 차갑고 어둡고 습한 죽음의 땅으로 남녀 모두에게 열려 있는 곳. 이 지하 세계에는 북유럽 신화에 나오는 신 발드르와 발키리의 여왕 브룬힐드가 살고 있다.

세스룸니르

북유럽의 사랑과 전쟁의 여신 프레이야의 아름다운 궁전 '세스룸니르'는, 전투에서 전사한 자들의 절반이 묻힌 폴크방그르라는 초원에 자리 잡고 있다.

발할라 또는 발홀

전투에서 사망한 자들의 나머지 절반은 전설에 나오는 아스가르드의 거대한 시체 궁전으로 보내진다. 그곳에서는 기량이 뛰어난 전사자들이 신들의 왕 오딘 앞에서 영원토록 잔치를 벌이고 싸운다. 북유럽 전설에 따르면, 전사자들은 전투에서 누가 살아남고 누가 죽을지 결정하는 역할을 하는 오딘의 불멸의 사자 발키리[60]에 의해 '발할라(발홀)'로 인도된다.

바이킹의 배 오세베르그호

가장 유명하고 완벽한 배의 무덤을 보려면 노르웨이로 가야 한다. 1904년 한 농장에서 발견된 오세베르그호는 서기 820년으로 거슬러 올라가지만 놀랍도록 잘 보존된 배 무덤이다. 여기에는 두 여성의 유해가 묻혀 있었는데, 한 명은 50대에, 다른 한 명은 60대 또는 70대에 사망한 것으로 추정된다.[61] 신원은 여전히 미스터리이지만, 지금까지 발견된 바이킹 무덤 중 가장 부유한 무덤에 안치된 것으로 보아 분명 신분이 높은 여성이었을 것이다. 이 배 무덤은 넓은 둔덕(너비 44m, 높이 6m)[62]으로 덮여 있었고, 앞서 언급한 바처럼 중세 초기에 약탈이 성행했음에도 의외로 온전하게 보존되어 있었다. 두 시신 옆에는 사후 세계에 필요할 것으로 생각되는 온갖 물건이 함께 묻혀 있었는데, 그중에는 10마리가 넘는 목이 잘린 말의 유골, 주방 도구와 빗과 같은 일상용품들, 화려하게 장식된 상자 여러 개, 옷감, 썰매, 침대 등이 포함되어 있다.

① 장식용 황동 부속품으로 치장된 이 나무 통에는 발견 당시 나무 국자와 사과 여러 개가 들어 있었다.[65]

② 두 유해 중 더 나이 많은 자의 유해가 하랄드 페어헤어 왕의 할머니인 아사 여왕일 것이라는 추측이 오랫동안 있었지만, 증거는 부족하다.

배는 장식된 참나무로 제작되었고, 뱃머리가 바다를 향하고 있는 것으로 보아 매몰될 당시에는 완전히 작동하는 배였던 것으로 추정된다. 정원이 모두 탑승한 상태에서는 노를 젓는 사람만 30명이 필요했으리라 추정되지만, 당시에 이 배는 전투보다는 잔잔한 바다에서 북유럽 상류층의 유람선으로 사용되었을 가능성이 높다. 결론적으로 말하면 이 여성들은 바이킹 시대에 배와 함께 매장되었다고 보아야 할 것이다.[63]

당시에는 배에 매장하는 관습이 널리 퍼져 있었는데, 배의 크기는 재력과 지위에 따라 다양했다. 그러나 인구가 늘어나고 기독교가 확산되면서 배 매장 관습은 보다 더 합리적인 석실 무덤으로 대체되었는데, 석실은 일반적으로 직사각형 돌로 만들어진 매장실이라고 보면 된다.[64]

③ 동물 머리 모양을 한 다섯 개의 나무 기둥 중 하나. 어떤 기능을 했는지는 불분명하지만, 운반하거나 벽에 달기 위해 만들어졌을 것으로 추정된다.[66]

④ 발견 당시 소위 '부처 양동이'라고 불리는 양동이에 붙어 있었던 이 청동 양동이 손잡이 조각은 좌불상과 놀라울 정도로 닮았지만, 실제로는 영국 제도의 수도사들이 만든 켈트족의 조각상이다.[67]

⑤ 배에서는 정교하게 장식된 썰매 네 개도 발견되었다.

죽은 자들이 지나간 길

이 세상의 죽은 자들은 오랜 세월 동안 정말 아름다운 묘지에 안치되었다. 다음에 당신이 저승 여행을 떠날 때에도 이처럼 잘 알려진 곳에서 잠시 쉬어 가면 어떨까?

린드홀름 구릉지(덴마크 올보르)

이 거대한 묘지터에는 서기 400년에서 1000년 사이에 만들어진 게르만 철기 시대와 바이킹 무덤이 600기 넘게 보존되어 있다. 대부분의 유해는 현장에서 화장되었다(일부는 매장되기도 했다). 이 묘지터에 있는 많은 무덤이 배 모양이나 원형으로 조성된 돌로 둘러싸여 있는 것으로 유명하다.[68]

그린우드 묘지(미국 뉴욕시)

1838년에 조성된 그린우드 묘지는 한때 나이아가라 폭포 다음으로 미국에서 두 번째로 큰 관광 명소였다. 믿기 힘들 정도로 멋진 야외 장례 예술품 컬렉션과 울창한 자연의 아름다움으로 유명하며, 이 묘지의 인기가 뉴욕 센트럴 파크와 프로스펙트 파크 조성의 모티브가 되었다. 뉴욕 필하모닉 지휘자 레너드 번스타인, 뉴욕트리뷴 설립자 호레이스 그릴리, 거리 예술가 장 미셸 바스키아 등 유명인들이 이곳에 안치되어 있다.[69]

페르 라셰즈 묘지(프랑스 파리)

파리에서 가장 큰 묘지이자 세계에서 가장 많은 사람들이 찾는 공동묘지다. 1804년 나폴레옹 보나파르트의 명령으로 개장한 이 묘지는 시신을 도시 경계 내에 매장하는 방식에서 벗어나는 혁명적인 변화를 가져왔다. 초교파적 공동묘지이며, 프랑스의 국민가수 에디트 피아프, 피아노의 시인 프레데리크 쇼팽, 오스카 와일드 같은 전설적인 인물들이 이곳에 안치되어 있다.[70]

기쁨의 묘지(루마니아 사판차)

루마니아 북부의 작은 마을의 성모승천교회에 자리 잡은 기쁨의 묘지에는 그 이름처럼 밝은 색의 묘비 수백 개가 있다. 이 묘비들은 모두 나무 조각가 스탄 이오안 파트라슈가 40년에 걸쳐 죽은 이에 맞춰 하나하나 정성껏 수작업으로 제작한 것이다.[71]

오쿠노인 묘지(일본 고야산)

유명한 불교 지도자 고보 다이시의 영묘가 있는 드넓은 사찰 단지 내에 자리 잡은 오쿠노인은 일본에서 가장 큰 묘지다. 이곳은 여행자, 어린이, 출산 여성을 수호하는 보살인 지장보살상과, 영원히 불을 밝히는 만 개가 넘는 등불이 있는 등불당으로도 유명하다.[72]

탑림(중국 허난성)

송산 소림사 바로 서쪽에 위치한 이 묘지는 791년부터 1803년까지 여러 왕조에 걸쳐 조성되었으며, 저명한 불교 승려들의 유해가 안치된 약 250개의 석탑과 벽돌탑이 있다. 각 탑의 크기, 높이, 양식은 각 승려의 업적, 미덕, 명성을 반영한다.

PART 2
화장

불의 의미

불은 본질적으로 변형의 성질을 띤다. 불 자체가 끊임없는 화학적 연소 과정이며, 이 불꽃을 통과하는 모든 것들은 돌이킬 수 없이 그 형태가 변한다. 불은 동서양을 막론하고 고대 원소(땅, 물, 불, 공기)의 하나로, 다양한 문화권에서 다양한 상징적 의미를 지닌다. 불은 따스함, 재생, 문명을 상징하기도 하며, 우리가 앞으로 나가도록 길을 밝혀주고, 숲속에서 야생 동물들이 우리를 덮치지 못하게 해주며, 우리가 먹는 음식을 익혀주는 역할도 한다. 이집트 상형문자에서 불은 체온, 즉 생명 및 건강과 연관되기도 한다.[73] 그리스 신화의 이야기에서 인류를 창조한 프로메테우스가 불을 가져온 존재로 묘사된다. 불은 곧 생명이기 때문에, 많은 사람들은 불을 죽음의 핵심으로 여기기도 한다.

화장은 시신을 재와 뼛조각만 남을 때까지 태워서 축소시키는 것을 의미한다. 시신을 화장하는 것은 매장과는 달리 무언가를 남기지 않기 때문에, 이 관습이 실제로 얼마나 오래되었는지를 정확히 알 수 없다. 기록상 가장 오래된 화장 유골 중 일부는 성인 여성의 것으로, 약 4만 년에서 4만 2,000년 전으로 추정된다.[74] '멍고 레이디'로 불리는 이 여성은 멍고 호수에 침식으로 생긴 반달 모양의 모래 언덕에 의식에 따라 매장되었다. 더 구체적으로 말하면, 그녀는 먼저 화장되었다가 유골이 다시 분쇄되어 2차 화장으로 소각된 후, 의식에 따라 붉은 황토로 덮은 다음 모래 언덕에 안치되었다.[75] 이후 화장은 세계 다른 지역으로 확산되어 특히 유럽에서도 그 흔적이 발견되는데, 고고학자들은 기

원전 3000년경부터 유럽에서 (비록 산발적이기는 했지만) 시신을 화장하기 시작한 것으로 추정하고 있다.[76]

유럽은 전염병이 창궐했던 시기를 제외하고는 역사적으로 화장이 비교적 적었다. 콘스탄티누스 1세 황제가 기독교를 공인하면서, 서기 300년 이후 로마 제국에서 화장은 찾아보기 어렵게 되었다. 이후 그의 후계자 샤를마뉴 대제가 자신이 물리친 색슨족과 다른 게르만족의 화장 관습을 교회의 이단으로 선언하면서, 유럽 전역에서 화장이 자취를 감추게 되었다.[77] 결국 19세기 후반, 인구 과밀로 인해 도시 매장지에 대한 건강 문제가 제기되면서 사람들이 화장 관습을 받아들이기 시작했지만, 서구 사회에서 화장이 본격적으로 확산된 것은 1963년 교회가 화장 금지를 완화하면서부터였다고 할 수 있다.[78]

과거에는 화장이 대부분 야외의 화장터에서 이루어졌는데, 이는 결코 간단한 일이 아니었다. 인체의 최대 60%는 물로 구성되어 있어서, 현대적 추정을 따라도 시신 한 구를 태우는 데 500kg이 넘는 나무가 필요하기 때문이다.[79] 오늘날 대부분의 화장은 화장장이라고 불리는 특수 건물 내에 있는 특수 용광로(화장로)에서 행해진다. 소각된 유해는 분쇄된 후 항아리에 담겨 전시되거나 매장되거나 강이나 산에 뿌려진다. 도쿄나 홍콩과 같은 인구 밀집 지역에서는 토지가 부족한 탓에 시신을 처리하는 가장 일반적인 방법으로 화장이 사용된다. 땅이 넓은 미국에서도 화장이 점점 더 널리 확산되는 추세이다. 미국장례지도사협회에 따르면, 2030년까지 미국인의 70%가 전통적인 매장 대신 화장을 선택할 것으로 추정하고 있다.[80]

자연에서 불은 삶과 죽음의 순환에 중요한 역할을 한다. 직관에

어긋나는 것처럼 보일 수 있지만, 자연적으로 발생하는 화재는 특정 종의 지속적인 생존에 생태학적으로 유익하며, 심지어 필수적으로 알려져 있다. 산불은 토양과 그 안에 서식하는 생물들을 질식시키는 죽은 유기물층을 제거해주며, 이 유기물층의 소각된 잔재에서 방출되는 영양분은 토양의 비옥도를 높이는 데 꼭 필요하다. 솔방울은 그 표면을 덮고 있는 역청이 녹은 후에야 씨앗을 틔울 수 있으며, 들소나 영양 같은 초식 동물들은 들불에 노출된 풀과 관목에 의존해 번성한다.[81]

마찬가지로, 인간에게도 불은 죽은 자를 치우고 산 자에게 길을 내준다. 눈앞에서 시신이 한 줌의 재로 변하는 과정을 보는 것은 깊은 감동이 일어나기 때문에 많은 공동체가 이 의식에 깊은 문화적 의미를 부여하고 있다. 많은 민족에게 불은 육체적·정신적 변화를 상징하며, 시체를 완전히 파괴하는 불의 힘을 정화와 재생의 힘으로 이해하고 있다.

시신을 가까운 곳에

불은 시체를 파괴하는 데 매우 효과적이지만, 완전히 소멸시키지는 못한다. 화장로나 장작더미로 몇 시간 동안 계속 소각해도 재와 뼛조각 더미는 남는다. 이 재와 뼛조각들은 뿌려서 날리거나 다른 방법으로 처리되지 않는 경우, 대개는 유골 항아리나 벽감(벽 한쪽을 움푹 들어가게 만든 곳-옮긴이)에 보관되었는데, 시간이 지나면서 분해된 재와 뼛조각들을 가까이에 보관할 수 있는 멋진 용기(유골함)가 개발되었다.

에트루리아의 오두막 모양 항아리

기원전 7세기에 에트루리아 도시들이 밀집해 있던 이탈리아 중부와 북부 전역에서 직사각형 집 모양과 원형 오두막 모양의 항아리가 발견되었다. 이 항아리들에 새겨진 문자들은 거의 남아 있지 않았지만, 집 모양의 점토와 금속 항아리들을 포함한 고고학적 기록들이 많이 남아 있다. 이 항아리들은 에트루리아 거주지에 대한 귀중한 정보를 제공해줄 뿐만 아니라, 죽은 자에게 생전에 누렸던 가정의 안락함을 계속 제공하려는 다양한 문화적 열망이 있었음을 보여준다. 이러한 경향은 고대 이집트인과 로마인에게서도 나타난다.

라오스 항아리 평원의 화장 항아리

항아리를 다룬 역사 기록에서 가장 신비로운 것은 라오스 시앙쾅고원 기슭에 위치한 불가사의한 '항아리 평원'이다. 수백 평방마일에 걸쳐 펼쳐진 이 유적지에는 높이가 3m, 무게가 수 톤에 달하는 거대한 선사 시대 석조 항아리가 수천 개나 널려 있다. 이미 오래전에 많은 유물이 약탈당했지만, 화장되었을 것으로 추정되는 부장품과 유해 들은 여전히 남아 있다. 물론 이 유해의 주인과 항아리를 만든 사람들은 오늘날까지도 미스터리로 남아 있지만, 지역 전설에 따르면 이 항아리들 중 일부는 2,000년 이상 된 것으로, 거인들이 마시던 그릇이었다고 전해진다. 그러나 이 지역이 베트남전쟁 당시 미국이 남긴 수백만 개의 불발탄으로 둘러싸여 있어, 아마도 사실을 확인하는 것은 불가능할지 모른다.

한국 신라의 항아리

8세기 한국의 신라에서는 불교가 점점 더 대중화되면서 화장이 점차 매장을 대체하는 표준적인 시신 처리 방식으로 자리 잡았다. 화장한 유해를 산이나 강에 뿌리지 않을 때는 뚜껑이 있는 항아리에 담아 매장했는데, 이런 항아리에는 그 시대의 특징적인 무늬가 정교하게 새겨져 있다.

멕시코 사포텍족의 장례 항아리

어떤 항아리들은 매우 상징적인 모습을 하고 있다. 예를 들어, 멕시코에서 가장 중요한 고고학 유적지 중 하나인 몬테 알반에는 콜럼버스 이전 시대의 사포텍 문명 양식으로 제작되었으며 높이가 45cm에 달하는 도자기 항아리가 있다. 이 항아리는 가면을 쓴 신(또는 신을 흉내 내는 사람)을 묘사하고 있으며, 원래는 화려한 색으로 칠해졌을 것으로 추정된다. 항아리의 뒷면에는 아무런 장식이 없는 그릇이 있는데, 몬테 알반의 정교한 황제 무덤에 묻힐 만큼 중요한 인물의 유해를 담았던 것으로 추정된다.

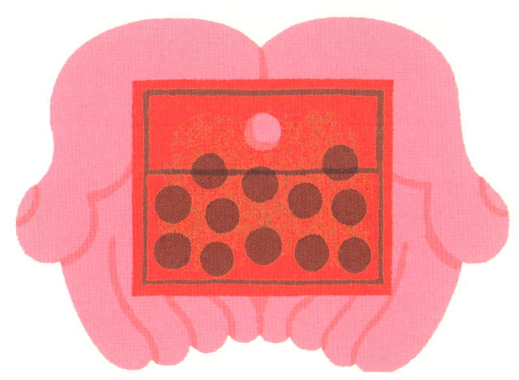

죽음의 장신구

오늘날 죽음이 빠르게 상업화되면서 기업들은 우리의 재에 대해서마저 완전히 새로운 세계를 열어주었다. 예를 들어 슬픔에 잠긴 가족들에게 사랑하는 사람의 유해를 보석처럼 압축해 '죽음의 구슬'로 만들 기회를 제공하는 회사가 생겼는가 하면, 사람의 유골을 다이아몬드와 다른 보석에 합성하는 것을 전문으로 하는 회사도 있다.

죽음의 도시

오늘날 화장은 대부분 화장터에서 이루어진다. 현대의 화장터에서는 산 사람들의 눈에 띄지 않게 죽은 자를 소각시킨다. 하지만 인도의 갠지스강변에서는 수 세기 동안 시신을 태우는 전통의 불꽃이 그 어느 때보다 밝게 타오르고 있다.

힌두교 신앙에 따르면, 죽은 자의 영혼은 새로운 몸으로 환생하기 전에 불로 먼저 정화되어야 한다. 더 큰 고통과 아픔만 반복되는 이 끝없는 죽음과 환생의 순환은 그 사람이 해탈, 즉 가장 높은 깨달음의 경지에 도달해야만 비로소 끝난다. 해탈은 힘들고 긴 영적 여정의 끝에 이루어지며, 힌두교도들의 궁극적인 목표다. 인도에서는 전통적으로 강이나 다른 수역 근처에 있는 야외 화장터에서 화장을 한다. 화장 과정이 거의 끝나갈 때쯤 되면, 화장을 주도하는 자(보통 장남)가 죽은 자의 두개골을 뚫거나 깨뜨려 영혼을 해방하는 의식을 행한다.[82] 그러나 많은 독실한 힌두교도들은 이러한 경건한 화장이 오늘날 형식적이고 비인격적으로 상업화된 것에 대해 경멸을 표해왔다.[83] 런던에 거주하던 인도 태생의 심리학자 피투 라웅가니는 그런 상업적 화장에서는 두개골을 깨뜨려 영혼을 해방시켜도 영혼이 여전히 기계 안에 갇혀 있게 된다고 한탄했다. 결과적으로 '아칼 므리티유(akal mrityu)', 즉 영혼의 부자연스러운 죽음을 초래한다는 것이다.[84]

그러나 깨달음으로 가는 긴 길을 우회하는 방법이 있다. 해마다 수백만 명이, 세계에서 가장 오랫동안 사람들이 거주해온 도시 중 하나인 성스러운 도시 바라나시로 순례를 떠난다. 그리고 매년 약 2만 명의 사람들이 인도에서 가장 신성한 강인 갠지스강변에서 죽음을 맞이한다. 뿐만 아니라 많은 사람들이 이 신성한 물에서 목욕하고, 기도하고, 시신을 화장하기 위해 이곳을 찾는다. 평소의 이곳에는 죽음이 도처에 널려 있다. 천으로 휘감은 시신이 골목길 사이로 운반되고, 인도 카스트 제도의 최하층 계급인 달리트들이 이 시신을 화장한다. 강으로 이어지는 돌계단 '가트'에는 꺼지지 않는 화장터의 영원한 불꽃이 24시간 내내 강둑을 밝히고, 맞은편 강변에는 시신이 널려 있다. 수천 명의 병자와 노인 들이 거리를 서성이고 있는데, 이들은 모두 좋은 죽음을 맞이하기 위해 그곳에 있는 것이다. 그러나 극도로 가난한 사람들은 가장 싼 화장터조차 구할 수 없어서 많은 이들이 장례비를 마련하기 위해 생의 마지막 날까지 구걸하며 보낸다.[85] 심지어 아직 죽음이 가까이 오지 않은 사람들조차 그들을 위해 지어진 자선 호텔에서 10년 넘게 죽음의 순간을 기다리기도 한다.[86]

하지만 죽음으로 가득 차 있음에도 바라나시는 슬픈 장소가 아니다. 사람들은 죽은 사람의 재를 갠지스강(구원의 여신 '갠가'의 이름을 따서 지어진 이름이다)에 뿌리면 영혼이 윤회의 굴레에서 벗어난다고 믿는다. 갠지스강의 힘이 매우 강력하다고 믿기 때문에 화장을 제대로 할 수 없는 사람들은 화장 의식을 완전히 포기한 채 시신을 그냥 강물에 버리기도 한다. 죽음의 도시를 찾는 수많은 순례자에게 해탈에 이르는 것보다 더 높은 목표는 없기 때문에, 사람들은 오늘도 해탈에 이르기 위해 성스러운 도시 바라나시를 찾는다.

생명의 강

그렇다고 바라나시에 아무 문제도 없는 것은 아니다. 추정치이지만 이 도시 전역에서 매일 약 100건의 화장이 행해지고 있으며, 화장을 한 번 할 때마다 엄청난 양의 장작이 필요하다. 인도의 많은 지역에서는 여전히 전통적인 야외 화장터에서 화장이 이루어지는데, 이를 위해 매년 5,000만~6,000만 그루의 나무가 쓰이고 대기 중으로 엄청난 양의 탄소가 배출된다.[87] 갠지스강이라는 이름은 순수함의 상징으로 숭배되지만, 실제로 그 강은 그렇게 성스럽게 보이지 않는다. 바라나시 강변에서 행해지는 화장으로 인해 발생하는 모든 독성 폐기물은 결국 갠지스강으로 흘러 들어가고, 수 세기 동안 이어져온 이 의식에서 나온 유해의 재가, 강 유역을 따라 살고 있는 수백만 명의 사람들, 공장·농장에서 발생하는 부유 쓰레기, 처리되지 않은 하수, 화학 폐기물과 뒤섞인다. 그 결과 이질과 콜레라 같은 수인성 질병을 야기하는 거대한 '박테리아 스튜'가 생겨났는데, 수백만 명의 사람들이 그 스튜를 마시고, 요리하고, 그 안에서 목욕하고 수영한다.[88] 이 성스러운 강의 정화 사업은 전통주의자들의 반발, 장례 의식 운영상의 차질에 정치적 부패까지 연루되어 좀처럼 진행되지 못하는 실정이다.[89] 하지만 많은 사람들에게 이 강의 정화가 단지 해결해야 할 실질적인 문제의 차원을 넘어 도덕적인 문제라는 사실을 유념하고 지속적인 노력을 해야 할 것이다.

뼈의 여행

일본에서는 사망한 사람을 대개 화장하는 추세지만 이는 비교적 최근에 일어난 일이다. 1930년대까지만 해도 죽은 사람을 처리하는 주요 방법은 매장이었다. 그러나 화장은 일본의 선사 시대와 중세 시대부터 존재해왔다. 화장의 관행은 불교 전통과 그에 수반되는 무상(無常) 사상, 즉 만물의 무상함에 뿌리를 두고 있다. 불교 신앙에서 화장이 의무화되어 있는 것은 아니지만 많은 사람들이 부처님의 임종 의식을 따라 화장을 행했다.[90] 그러나 메이지 정부의 유교 및 토착민 관리들은 화장이 과거의 오염되고 미개한 관습이라는 이유로 1873년에 화장을 일시적으로 금지하기도 했다. 그러나 일반 국민들은 화장이 장기적인 관점에서 오히려 더 실용적이고 유해를 이동하기도 편리하며 위생적인 의식이라고 반발하며,[91] 조상 숭배라는 유교의 관습을 저해하는 것이 아니라 오히려 돕는 것이라고 주장했다. 결국 정부의 화장 금지령은 불과 2년 만에 폐시뇌었고, 화장은 일반 대중 사이에서 더욱 널리 받아들여지게 되었다.[92]

오늘날 일본의 화장률은 무려 99.9%로 세계 최고 수준이다. 화장은 이제 종교 의식이라기보다는 대체로 세속화된 절차이며, 대부분 실용적인 이유로 널리 확산되었다. 일본의 경우, 화장이 일반화된 것은 단순히 땅이 부족하기 때문이다. 이를 다른 각도에서 말하자면, 일본의 인구는 미국 인구의 약 40%에 육박하지만 일본의 영토는 모든 섬을 다 합쳐도 미국 영토의 4%에도 미치지 못한다.[93] 이에 따라 화장은 매우 인기가 매우 높아서 화장터는 항상 붐비고, 장례식장 비용이 비쌀 경우 며칠에서 몇 주까지 기다리는 경우도 왕왕 발생한다. 이러한 수요에 대처하기 위해 새로운 해결책인 '시신 호텔'이라는 아이디어까지 나왔을 정도다.

영안실과 게스트하우스를 겸비한 이 호텔[일본에서는 '이타이 호테루(遺体ホテル)'라고 부른다]은 애도하는 가속늘이 떠나보낸 사람의 시신 근처에서 밤을 보내며 마지막 작별 인사를 할 수 있도록 해준다. 객실료도 저렴하고 24시간 운영되며, 관을 놓을 수 있는 작은 제단과 플랫폼이 설치되어 있다.[94] 요코하마의 '라스텔(Lastel, 시신이 묵는 마지막 호텔이라는 의미)'도 이런 종류의 호텔로, 유명한 라멘 박물관 근처에 위치하며 주변에 카페와 편의점이 즐비하게 늘어서 있다. 유족들은 이 호텔에 체크인한 후 두 시간 동안의 방문을 예약할 수 있으며, 버튼 하나만 누르면 호텔의 자동 관 수거 시스템에 의해 시신 보관소에서 자신들의 관이 방으로 도착한다. 전통적인 영안실이 간소하고 소박한 것과는 대조적으로, 라스텔의 객실에는 칫솔, TV, 주방 등 호텔이나 가정에서 흔히 볼 수 있는 편의 시설이 대부분 갖춰져 있다. 원하기만 하면 유족들은 냉동 처리된 고인의 관 앞에서 식사를 할 수도 있다.[95] 이는 시대가 변하고 있음을 가장 잘 보여주는 신호이기도 하다. 급속한 산업화, 점점 더 가혹해지는 현대인의 생활 속도, 공동체적 유대감의 점진적인 붕괴에 따라 일본인들은 과거의 대규모 장례식에서 벗어나 이같이 작고 친밀한 의식을 자연스럽게 받아들이고 있다.

뼈 고르기

사랑하는 사람을 화장하고 나면 곧 또 다른 의식이 시작된다. 바로 '코츠아게', 즉 '뼈를 모으는' 관습이다. 유족들은 고인의 유골을 슈코츠시츠(뼈와 재를 모으는 방)의 탁자 위에 올려놓고[96] 긴 젓가락으로 뼛조각을 골라 항아리에 담는다. 고른 뼈는 발에서 시작해 머리 순으로 놓이게 되므로 고인은 항아리 안에 똑바로 '서 있는' 모양이 된다.[97]

역사적으로 대부분의 일본인들은 고인의 유해를 가족 묘지에 안치하고, 유족 중 가장 연장자가 이를 돌보며 조상을 영원히 존경하는 관습을 유지해왔다(또는 적어도 그렇게 하기를 원했다).[98] 그러나 산업화와 함께 점점 더 많은 사람들이 조상의 고향에서 멀리 떨어진 도시에 살게 되면서, 고인의 무덤을 정기적으로 관리할 시간·돈·에너지가 부족하다고 생각하게 되었다.[99] 심지어 후손이 부족해 장례를 치르지 못하는 경우도 있는데, 이는 일본의 출산율이 급락한 것을 고려하면 실제적이고 지속적인 문제가 아닐 수 없다. 어쨌든 오늘날 많은 일본인들이 점차 전통에서 벗어나고 있으며, 장례 전문가에게 의뢰해 고인의 유해를 분쇄한 다음 산이나 강에 뿌리는 사례가 크게 늘어나고 있다. 일본의 최신식 납골당인 '다이토쿠인 료고쿠 료엔'의 주지 마스다 주쇼쿠는 다음과 같이 말한다. "뼈에는 감정이 깃든다. 바로 영혼에 대한 책임감이다. 뼈는 실재한다. 유해를 뿌리는 사람들은 고인을 잊으려 애쓸 뿐이다. 생각하고 싶지 않은 것들을 제쳐두려는 것이다."[100]

화장로 속으로

시신이 화장되는 과정

화장이 점점 더 널리 확산됨에 따라, 사람들은 이제 화장터에서 시신을 불태우는 것을 당연한 일로 여기게 되었다. 오늘날 우리가 알고 있는 화장은 19세기 후반 도시의 묘지들이 시신으로 넘쳐나 공중 보건과 질병 관리에 대한 우려가 커지면서 본격적으

시신이 1차 화장실에서 연소되는 동안, 시신에서 나오는 모든 가스와 미세 입자는 2차 화장실로 들어가 고온으로 가열된다. 이는 화장 중 발생하는 연기와 악취를 줄이는 과정이다.

먼저, 폭발과 예상치 못한 혼란을 막기 위해 장신구, 보철물, 임플란트, 배터리가 장착된 모든 장치를 시신에서 제거한다. 그리고 화장 후 유해를 식별할 수 있도록 시신에 태그를 붙인다.

화장 과정(시신의 크기에 따라 약 3~4시간 소요)이 끝나면 유해를 식힌 후 큰 쟁반에 쓸어 담는다.

로 등장하기 시작했다. 이탈리아의 발명가 로도비코 브루네티가 발명한 산업용 용광로를 갖춘 최초의 현대 화장장은 1870년대에 유럽 대중에게 처음 소개되었고, 곧이어 미국도 이를 받아들였다.[101] 150년이 지난 오늘날에도 화장 기계는 거의 변함이 없는 것처럼 보인다. 그런데, 그 안에서는 정확히 무슨 일이 일어나고 있는 것일까?[102]

이제 시신이 1차 화장실로 들어가는데, 이곳의 온도는 1,090℃까지 올라간다. 몇 시간 동안 태우면 시신의 연조직은 연소되어 증발하고 뼈와 재만 남는다.

모든 과정이 끝나면 유족들이 유해를 수거해 항아리나 용기에 담는다.

그런 다음 유해를 분쇄기로 갈아서 굵은 뼛조각을 고운 가루로 만든다.

그런 다음 소나무, 합판 또는 판지로 만들어진 소각 전용 관에 시신을 넣는다.

PART 3
섭취

먹고, 먹히고, 사랑하라

지금까지는 매장과 화장에 대해 이야기했다. 이 두 가지가 의심할 여지 없이 가장 일반적인 시신 처리 방식이기 때문이다. 그런데, 다른 선택지가 있다고 말한다면 어떨까?

죽은 사람을 분해해 살아서 섭취한다는(그것도 우리가 직접!) 생각은 너무나 혐오스러워서 전 세계 공동체들은 이런 행위를 막기 위한 수많은 방법을 고안해왔다. 물론 시신을 섭취한다는 관점이 너무나 역겹고 불쾌하다고 생각하는 사람이 많지만, 세상에는 그런 것조차 삶의 일부로 생각하는 사람들도 있다. 힌두교의 핵심 경전인 베다 경전 중 하나에는 다음과 같은 문구가 나온다. "오, 경이로워라, 경이롭고 경이롭도다. 나는 음식이라네, 음식, 바로 음식이로다! 그리고 동시에 나는 음식을 먹는 자라네, 음식을 먹는 자, 바로 음식을 먹는 자로다."[103] 메뚜기는 나뭇잎을 먹고, 파랑새는 바로 그 메뚜기를 먹고, 뱀은 바로 그 파랑새를 먹고, 올빼미는 바로 그 뱀을 먹는다. 그리고 올빼미가 죽으면 그 사체는 천천히 땅으로 돌아가 그 아래 땅을 영양분이 풍부한 흙으로 만들고, 그 흙에서 새로운 식물이 싹을 틔우면 메뚜기가 다시 그 잎을 먹는다. 그렇게 이 순환이 다시 시작되어 계속 반복된다. 그런데 오직 인류만이 이러한 흐름을 끊고 있다. 시신에 방부 처리액을 가득 채워 넣고 뚫을 수 없는 콘크리트 납골당에 묻음으로써 자연으로 돌아가지 못하고 스스로를 고립시키는 것이다.

더욱 당혹스러운 것은 인간이 다른 인간의 시체를 먹는다는 생각이다. 인육을 먹는다는 것, 즉 인류학자들 사이에서 흔히 알려진 '식인' 풍습은 많은 사람에게 최고의 금기 사항이다. 서양에서 식인종은 악몽의 소재이며, 실화 범죄 다큐멘터리와 고대 그리스까지 거슬러 올라가는 수많은 작가와 예술가(소름 끼치는 명작인 「아들을 잡아먹는 사투르누스」를 그린 화가 프란시스코 고야를 포함해)의 작품에서 영원한 악당으로 묘사된다. 그러나 식인종이 미친 살인자라거나 기아 직전까지 내몰린 필사적인 생존주의자라는 일반적 이미지와는 달리, 식인 풍습은 놀랍게도 동물계와 인간 역사에서 흔히 볼 수 있으며, 생존의 필요성과는 전혀 무관한 다양한 이유로 일어나는 현상이다.[104] 우리는 식인 풍습이 구석기 시대 초기로 거슬러 올라간다는 것을 알고 있다. 살이 발라진

컵 모양의 1만 5,000년 된 두개골들이 영국 남서부의 고프 동굴에서 다수 발견되었다.[105] 동굴에서는 또한 인간의 이빨로 갉아먹혀 깨진 뼈도 발견되었다.[106] 구석기 시대 말기에 해당하는 마들렌 문화 조상은 죽은 사람을 먹었는데, 이는 생존을 위해서가 아니라 더 높은 상징적 목적을 위해서였다.[107] 켈트족의 치유자로 불리는 드루이드가 행한 것처럼, 식인 풍습은 농업과 다산에 관련된 의식의 일부였을지도 모른다.[108] 이로쿼이족과 아즈텍족 같은 전사들은 우월성의 상징적 행위로, 그리고 전사자의 힘과 능력을 흡수하기 위해 적의 살을 먹었다. 중세와 근대 초기까지도 인간 신체의 여러 부위를 섭취하면 특정 약효가 있다는 믿음이 유럽 전역에 널리 퍼져서 의사, 왕, 그리고 그런 치료 비용을 감당할 수 있는 부유한 사람 등 각계각층의 사람들이 인육을 섭취했다.[109] 특히 17세기 영국에서는 간질 치료법으로 두개골의 정수리 부분을 고운 가루로 갈아 먹는 것이 일반적이었다. 처형된 범죄자, 전사한 군인, 그리고 월경 중인 마을 여성들에게서 최근 채취한 피가 나병에서 불임에 이르기까지 다양한 질병의 치료제로 처방되었는데, 이는 주로 먹거나 국부에 발랐다.[110] 근대 이전 중국에서도[111] 헌신적인 아이들이 자신의 살(보통 허벅지)을 잘라 병에 걸린 부모나 노인을 위해 약탕을 만들었는데, 이는 '할고'라는 의식의 일부로 여겨졌다. 많은 원주민 사회에서 시신을 먹는 의식은 중요한 상징적·사회적 기능을 수행했으며, 도덕적으로 용인되었을 뿐만 아니라 의무이기도 했다. 이러한 공동체에게 시신을 먹는 것은 야만이 아니라 친절의 행위였다.

Dead 💀 사람이 죽으면

식인 풍습에 대한 이해

서구에서 식인 행위는 성심리적 연쇄 살인범, 굶주린 식민지 주민, 동화 속 마녀 등과 같은 끔찍한 이미지를 떠올리게 한다. 물론 그 이유를 이해하는 것은 어렵지 않다. 우리 대부분은 살과 피로 이루어지는 육신에서 개인의 인격을 분리하는 데 어려움을 겪기 때문이다. 어떤 사람들은 죽은 사람은 영적으로나 육체적으로 오염되므로 시신을 먹는 것은 말할 것도 없고 산 사람 근처에 묻는 것도 부적합하다고 생각한다. 또 어떤 사람들은 식인 행위가 생명을 긍정하는 우리의 원초적 본능에 직관적으로 반하는 것이라며 불쾌하게 생각한다. 인간은 음식을 먹는 존재이지, 인간 자체가 음식은 아니라는 것이다… 그렇지 않은가?

식인 행위에 대한 이러한 뿌리 깊은 혐오감은 인류 역사 전반에 걸쳐 끊임없이 무기화되어왔으며, 많은 식민지 민족을 억압하고 복속시키면서 유럽의 우월성을 정당화하기 위한 도덕적 논거가 되어왔다. 실제로 식인 풍습에 대한 많은 보고는 그 진위 자체가 의심스러운 것이 많았다. 심한 경우, 원주민 부족을 착취하고 노예로 삼기 위해 노골적인 거짓말을 퍼뜨렸고, 심지어 항해 탐험가들의 명성을 높이기 위한 지나치게 선정적인 과장이 담겨 있기도 했다.[112] 이런 식으로 우리 대부분은 미국의 인류학자 클리포드 기어츠가 언급한 '의미의 그물'에 빠져 있다. 이는 '옳다'고 생각하는 것에서부터 '정상적'이라고 생각하는 것에 이르기까지, 우리가 믿는 모든 것은 상대적이며 우리 문화에 의해 우리 안에 깊이 뿌리내린 것이라는 뜻이다.[113] 태평양 섬나라와 아프리카 및 남미 일부 지역에서 식인 풍습의 증거가 발견되긴 했지만, 이들의 식인 풍습이 주로 특별한 의식 행위의 맥락에서 발생했다는 점은 분명하다.[114]

1960년대까지 죽은 동물을 먹던 아마존 원주민 와리족의 경우를 예로 들어보자. '족내 식인 행위'란 같은 가족이나 부족 구성원 등 한 집단 내에서 발생하는 식인 행위를 말한다. '족외 식인 행위(이 경우도 대개 전쟁이나 분쟁 시기에 적군의 시신을 먹는 경우다)'와는 달리, 족내 식인 행위는 대개 장례식이라는 맥락에서 발생한다. 그러니까 와리족이 행한 행위는 생계 유지를 위해 필요한 행위가 아니라 단지 상징적인 행위였던 것이다.

그들은 누군가 죽으면, 친척들이 장례식에 모여 수 세기 동안 조상들이 해왔던 방식대로 고인을 처리했을 뿐이었다. 즉, 고인의 시신을 구워 살과 일부 장기, 그리고 때로는 갈아놓은 뼈를 일부 먹고 나머지는 불에 태웠다. 화장은 시신을 완전히 파괴하기 위한 것이었다. 시신을 준비하고 먹는 일은 먼 친척, 대개는 죽은 사람의 인척(혼인에 의해 맺어진 친척-옮긴이)들에게 맡겨졌다. 이들에게 이 일은 사회적 의무이자 자신의 자녀가 결혼한 가족에 대해 친절을 베푸는 의식[115]이었을 뿐, 우리가 상상하는 것처럼 즐거운 일은 아니었다. 함께 모인 사람들이 시신을 먹기 시작할 무렵이면, 시신은 이미 덥고 습한 열대우림 속에서 며칠 동안 끓여졌을 것이다. 부패한 살점을 먹는 것은 즐겁다기보다는 오히려 매우 불쾌한 경험이었을 것이고, 대부분의 사람들은 몇 번씩 토한 후에야 억지로 겨우 먹을 수 있었을 것이다.[116] 죽은 사람의 나이와 사망 원인에 관계없이 거의 모든 사람의 시신을 먹었고, 미처 먹지 못한 시신은 화장되었다. 장례식이 끝난 후, 고인의 집과 그들이 소유했던 모든 것은 불에 완전히 태워버렸다.

이제 여러분은 그들이 왜 시신을 먹었는지 궁금할 것이다. 악취 탓에 삼키기도 힘든 시신을 왜 먹는 것일까? 도대체 왜 시신을 먹기 시작했을까? 인류학자 베스 콘클린이 그들에게 이런 질문을 하자 이 의식에 참여했던 장로들은 그저 간단히 대답했다. "우리의 관습입니다(Je' kwerexi)."[117] 와리족은 그들이 기억하는 한 오랫동안 이런 식으로 시신을 처리해왔다. 이 일은 명예롭고 친절한 행동이었으며, 다른 사람들을 위해서, 그리고 자신을 위

해서도 해야 하는 일, 하고 싶은 일이었다. 그들은 또 우리가 인간의 몸에서 태어났으니 온 길로 되돌아가야 한다고 믿었다. 그들은 또 "누군가를 불쌍히 여기다(xiram pa')"라는 표현도 사용했다. 즉 시신을 알아볼 수 없을 정도로 잘게 나누어 먹음으로써, 산 자들이 공동체의 슬픔을 어느 정도 달래줄 수 있다고 믿었다. 이런 식인 풍습을 통해 그들은 사랑했던 사람을 떠올리게 하는 것들을 체계적으로 제거하는 과정을 밟은 것이다.[118]

뿐만 아니라 그들은 시신을 차갑고 축축한 땅에서 썩도록 방치함으로써 시신을 훼손시키고 함부로 다루면 끔찍한 일이 벌어진다고 생각했다. 불행히도 1950~1960년대에 브라질 정부가 와리족과 접촉했을 때 끔찍한 일이 벌어졌음을 알게 되었다. 면역 저항력이 없는 온갖 질병이 발생한 것이다. 1960년대 초, 이때 살아남은 사람들이 이 사실을 깨닫고는 시신을 더 이상 먹지 않고 매장하기 시작했다.[119] 오늘날 와리족의 젊은 세대는 죽은 자를 먹는 의식을 과거의 기이한 일로 여기고 있기 때문에 그런 관습이 다시 생길 것 같지는 않다. 그러나 이 의식을 아직 기억하는 많은 사람들은 아직도 무언가 의미 있는 것을 잃었다고 느끼는 듯하다.[120]

생의 순환

힌두교도처럼 불교도도 우리의 생이 끊임없이 반복된다는 윤회를 믿는다. 사람이 죽으면 영혼이 떠나고 남은 육신은 당연히 빈 껍데기처럼 취급된다. 그러나 티베트와 남아시아의 추운 산악 지대는 나무가 귀하고 땅은 딱딱하고 바위투성이어서 매장이 불가능하며 화장은 터무니없이 비싸다. 그래서 이 지역의 많은 주민들은 또 다른 고대 전통, 즉 '천장(조장)'을 하는 경우가 많다.

천장도 장례 의식이긴 하지만, 그 이름과는 달리 매장 과정을 거치지 않는다. 이 장례 의식에서는 로갸파(시신을 부수는 사람)라고 불리는 전문 장례인이 시신을 땅으로 돌려보내기 위해 잘게 해체한다. 로갸파는 몸통에서 사지를, 머리에서 머리카락을, 뼈에서 살을 체계적으로 분리하고, 나머지 유골은 보릿가루와 야크 버터로 만든 전통 티베트 요리인 '참파'에 섞어 반죽처럼 간다. 그런 다음 이 반죽을 자연 분해되도록 빈터나 바위 표면에 안치하거나, 마지막 자선 행위로 독수리의 먹이로 남겨놓는다.[121]

자연의 장의사

시신은 일반적으로 썩은 고기를 먹고 사는 히말라야 독수리의 먹이로 제공된다. 티베트 불교에서는 죽음의 순간을, '윤회'라고 하는 끝없는 환생의 주기에서 앞으로 다가올 재탄생을 결정하는 매우 중요한 사건으로 여긴다.[122] 자신의 몸으로 다른 생명체를 먹여 살린다는 사실을 알면서 죽을 수 있다는 것, 그리고 더 나아가 로갸파로서 죽는 자의 소원을 공경할 수 있게 된 것을 위대한 자비와 미덕의 표현으로 여긴다. 독수리는 신성시되며, 독수리가 시신을 먹지 않으면 불길한 징조로 여긴다. 티베트에서 이런 특별한 장례식 관련 관광(타나투어리즘)이 급증하면서 특이한 논란도 일어났다. 호기심 많은 관광객들이 고인의 가족조차 접근하기 어려운 이 장례식을 보기 위해 몰려들면서, 시신을 먹으러 주변으로 다가오는 독수리를 쫓아버리는 일이 발생했기 때문이다. 티베트 정부는 마침내 2005년에, 천장이 행해지는 곳과 그 주변 지역에 대한 관광을 제한하는 법을 통과시켰다.[123]

하늘에서의 죽음

고대 페르시아의 소로아스터교도인 파르시(걸프만을 거점으로 인도양에서 해상 무역을 하던 페르시아 상인들이 8세기 사산 왕조 멸망 후 귀향하지 못하고 인도의 구자라트 지역에 정착했다고 전해진다-옮긴이)들도 이와 유사한 장례 의식을 행한다. 이들은 오늘날의 인도와 이란 지역에 '다크마', 즉 '침묵의 탑'으로 알려진 높은 원형 구조물을 설치하고 죽은 자의 시신을 비바람에 노출시켜 썩은 고기를 먹고 사는 새들의 먹이로 제공한다. 이 의식(이 의식을 수행하는 자들을 '도크메나시니'라고 부른다)은 인간과 동물의 시신은 부정(不淨)하다는 믿음에서 유래했다. 따라서 파르시들은 죽은 시신이 땅, 불, 공기, 물(예언자 차라투스트라와 그의 추종자들이 신성시했던 것들)을 오염시키는 것을 막기 위해 전통적으로 장례를 치른 후 시신을 장례 탑 꼭대기에 안치하는데, 장례 중에 훈련된 시종들이 시신을 씻기고 감싸는 것이 관례다. 기도를 낭송한 다음, 신성한 개를 데려와 시신을 흘끗 쳐다보게 하는 '사그디드'를 진행한다.[124] 의식이 끝나면 시신을 싼 옷을 모두 벗기고 탑 꼭대기로 옮겨 독수리와 다른 새들이 깨끗이 쪼아 먹을 때까지 그곳에 방치해놓는다.[125]

어쨌든 핵심은 시신을 동물의 먹이로 제공한다는 것이다. 티베트의 천장처럼, 이 노출 장례 의식도 솔개, 까마귀, 독수리 같은 청소 동물에게 시신을 맡긴다. 독수리의 신비로운 눈이 죽은 자의 영혼이 다음 생으로 가는 데 도움이 된다고 믿은 것이다.[126] 이란 중부 야즈드 지역 등 대부분의 지역에 이런 탑들이 방치되어 있었는데, 이 의식은 현대에 들어와서는 거의 볼 수 없게 되었다. 급속한 도시화와 변화하는 사회로 인해 1970년대에 이 의식이 금지되었기 때문이다.[127]

그러나 이러한 고대 다크마가 건축된 지 수백 년이 지난 오늘날까지 여전히 남아 있는 이 고대 의식의 마지막 보루는 바로 인도다. 인도의 최대 경제 도시인 뭄바이에서는 파르시들이 어느 정도 활발하게 활동하고 있는데, 이는 그들의 조상들이 이 도시의 문화적·경제적 부의 건설에 상당 부분 기여했기 때문이다.[128] 그러나 이곳에서도 도크메나시니의 생손은 또 다른 더 큰 문제로 위협받고 있다. 한때 이 나라에 서식했던 최대 4억 마리의 독수리는 그 이후 무려 99%가 사라졌고, 그나마 남은 개체들마저 아픈 소를 치료하는 데 사용되는 독성 진통제 디클로페낙에 중독되어 있기 때문이다.[129] 인도 정부가 이후 이 약물 사용을 금지하고 독수리 개체 수 회복을 위해 이들이 거주하는 보호 구역을 설치하면서, 파르시들은 시신 야외 노출에 대한 대체 수단을 찾아야 했다. 급기야 시신의 부패를 가속화하기 위해 시신을 가열하는 태양열 집광기까지 도입했지만, 흐린 날이나 비가 많이 오는 몬순 기간에는 사용할 수 없다. 예전에는 독수리 떼가 몇 시간이면 해결했을 작업이 이제는 몇 주가 걸리게 되면서, 많은 파르시들(과 그 이웃들)은 매우 당혹스러워하고 있다.[130]

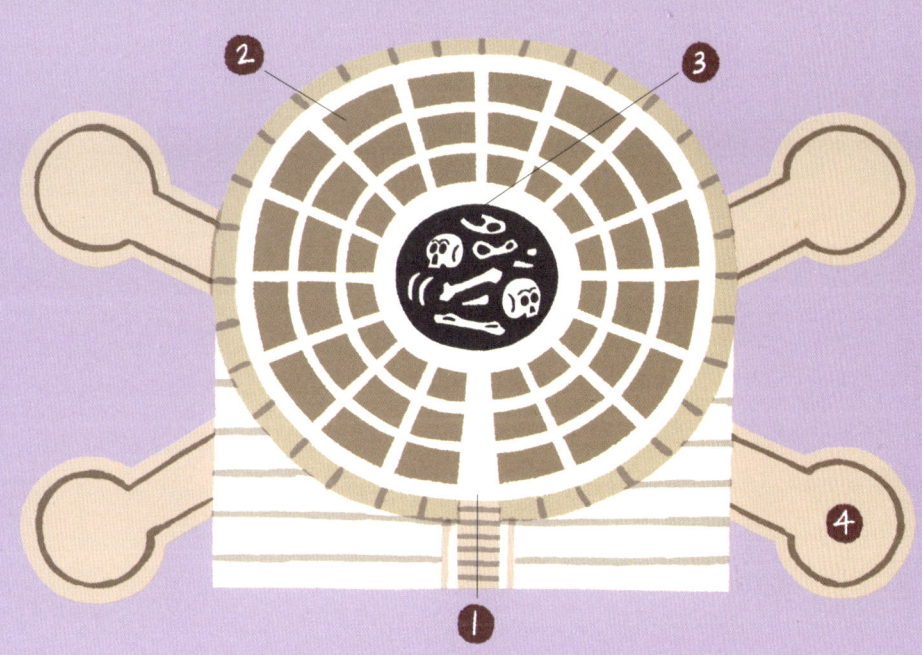

1. 보통의 다크마는 들어갈 수 있는 문이 하나뿐이며, 높이는 대개 약 90m에 달한다.

2. 탑은 거대한 원형극장처럼 지어졌으며, 꼭대기에는 동심원 모양의 돌로 된 원형 석조물이 늘어서 있다. 시신은 나이와 성별에 따라 남성은 바깥쪽 가장자리에, 여성은 가운데에, 어린이는 가장 안쪽 원에 배치된다.

3. 시간이 지나고, 동물들이 살을 발라 먹고 남은 뼈는 며칠 동안 건조된 후 구조물 중앙에 있는 폭 45m의 우물인 '반다르'로 옮겨진다. 세월이 흐르면서 유골은 먼지가 된다.

4. 비가 오면 노출된 시신에서 배출된 부패한 물질이 중앙 우물과 연결된 지하 배수 시스템을 통해 바깥에 있는 네 개의 우물로 흘러 들어가는데, 각 우물에는 두꺼운 숯과 모래 층이 있다.

시신 처리 방식의 진화

천장은 삶과 죽음의 자연스러운 순환에 인간의 시신이 참여할 수 있도록 허용하는 매우 드문 장례 관습 중 하나인 것 같다. 하지만 방부 처리를 하든, 매장이나 화장을 하든, 우리는 결국 같은 길을 걷게 된다. 우리 시신의 잔해는 결국 분해되어 땅으로 되돌아가기 때문이다. 그 과정이 몇 주에서 몇 세기까지 걸릴 수 있지만, 죽음이 옛 삶의 끝을 의미하고 썩어가는 유해가 새로운 삶을 위한 길을 열어준다는 점에서 우리는 결국 같은 길을 걷는 셈이다.

그리고 적어도, 그 길은 우리 모두 피할 수 없다. 땅속에 시신을 묻었던 시대에는 시신이 서서히 땅속으로 분해되었지만, 오늘날 금속 납골함이나 방부 처리 관행이 널리 행해지면서 시신이 자연적으로 부패되기가 훨씬 어려워졌을 뿐만 아니라 더 많은 오염을 유발하고 있다. 친환경장례위원회에 따르면, 오늘날 미국의 현대식 매장 방식으로 인해 방부 처리액 1,600만 L(포름알데히드 약 300만 L 포함), 목재 2,000만 보드피트(약 4만 7,000m³), 콘크리트 160만 톤, 강철 6만 4,500톤이 땅속에 묻힌다. 땅속에 묻힌 금속관은 철, 구리, 납, 기타 금속을 땅속으로 침출시켜 토양을 더욱 오염시킨다.[131] 화장 기계도 대개 천연가스를 사용하는데, 수십억 톤의 이산화탄소(수은, 질소산화물, 다이옥신, 기타 유해 입자와 함께)를 대기와 물로 배출시킨다.[132]

다행히 기후 위기가 점점 더 심각해짐에 따라 장례 처리에 친환경적인 방법을 채택하는 사람들이 늘어나기 시작했다. 미국장례지도사협회의 설문 조사에서 미국인의 절반 이상이 보다 친환경적인 장례가 필요하다고 생각하고 있는 것으로 나타나면서, 장례 업계도 이에 호응하고 있다. 오늘날 주 및 연방 법률이 금지하는 경우를 제외하고는, 유해를 인공 산호초로 감싸 안치하거나, 버드나무나 대나무로 짠 생분해성 관에 안치하거나, 버섯 수의로 독소를 제거하거나, 알칼리 가수분해를 통해 용해시킬 수 있다. 알칼리 가수분해 방식은 일명 '물 화장'으로도 알려져 있는데, 시신을 차 색깔의 주스 한 통으로 만들어 안전하게 비료로 사용하거나, 원한다면 하수구에 그대로 버릴 수 있다.[133]

우리의 시신은 또 식물성 비료가 될 수도 있다. 인간 퇴비화라는 용어가 어떤 이들에게는 불편하게 들릴지 모르지만, 스웨덴의 '리룀(Lyrön)'이라는 작은 섬에 사는 사람들에게 이는 죽음의 미래다. 생물학자 수잔 위그-매삭이 개발한 '빙장'은 액체 질소를 사용해 시신을 동결시킨 후 조각내는 과정이다. 시신 조각들은 동결 건조되어 교회 묘지나 가족 뒷마당에 심는 추모수나 관목의 비료로 사용된다.[134] 시신의 퇴비화에서 미래의 비전을 본 사람은 위그-매삭뿐만이 아니다. 인체를 최초로 퇴비화한 사람은 팀 에반스라는 미국인으로, 1998년 대학에 기증된 시체를 거름과 나무 부스러기와 함께 섞어 퇴비화하면서 '이로써 과학이 환생에 가장 가까이 다가가게 되었다'고 말한 장본인이다.[135]

PART 4

불멸을 쫓아서

매장, 화장, 섭취 등 시신을 처리하는 의식은 크게 다를 수 있지만, 최종 목표는 결국 같다고 할 수 있다. 즉 어떤 방식으로든 시신을 처리해 없애거나 줄이는 것이다. "눈에서 멀어져야 마음에서도 멀어진다"라는 속담처럼 말이다. 하지만 슬픔은 때로 우리를 다른 길로 이끈다. 우리는 가능한 한 죽은 이가 우리 곁에 조금만 더 오래 있기를 바란다.

때로는 자연이 우리를 대신해 그 역할을 해주기도 한다. 극도로 건조하고 더운 곳 또는 극도로 건조하고 추운 곳(뜨거운 사막이나 영하의 산 정상을 떠올려보라)에 방치되거나 묻힌 시신은 수 세기 동안 놀라울 정도로 잘 보존된다. 자연적으로 미라화된 시신은 늪지에서도 발견된다. 늪지는 썩이기기니 이미 썩은 물이끼로 만들어져 있는데, 여기에는 부패를 막는 산소 차단 슬러지가 적당하게 들어 있기 때문이다.

톨룬드 남자

덴마크 실케보르 마을 바로 서쪽의 늪지대에서 발견된 톨룬드 남자는 아마도 늪지대에서 발견된 가장 유명한 시신일 것이다. 그는 5세기에 사망해 늪지대 무덤에 보존되었는데, 1950년에 덴마크 당국이 이 무덤을 발견했을 때 처음에는 최근에 살해된 희생자로 오인할 정도로 상태가 양호했다고 한다. 그의 피부도 독특한 가죽같이 갈색으로 변한 상태로 온전하게 보존되어 있었다.[136]

유야이야코 처녀

아르헨티나-칠레 국경에 있는 휴화산 유야이야코의 정상 부근에서 얼어붙은 채 발견된 유야이야코 처녀는, 약 500년 전 세계에서 가장 높은 고고학 유적지 꼭대기에 죽도록 방치해 놓아 희생된 세 명의 잉카인 어린이 중 한 명이었다. 발견 당시 그녀의 입과 몸에서는 알코올과 코카 잎의 흔적이 남아 있었는데, 아마도 이 두 가지가 그녀가 죽기 전에 강력한 진정제 역할을 했을 것으로 추정된다.[137]

이란의 소금꾼들

이 소금꾼들은 체흐라바드 소금 광산에서 수 세기 간격으로 일어난 두 차례의 동굴 붕괴 사고로 그 안에 갇힌 불운한 광부들이었다(한 무리는 기원전 6세기에서 4세기 사이에, 또 다른 무리는 수백 년 후인 서기 2세기에서 6세기 사이에 목숨을 잃었다).[138] 소금기 있는 바위가 그들의 몸에서 수분을 빨아들인 덕분에 그들의 부서진 유해는 미라가 되었다.

PART 4 보존

이들 중 어떤 시신들은 단지 우연히 미라로 만들어졌지만(예를 들어, 당시의 풍습에 따라 그저 일상적으로 매장했지만 의도치 않은 결과로, 또는 우연하게 가장 적절한 시간에 가장 적절한 장소에서 사망했기 때문에), 어떤 시신들은 미라로 만들려는 장례 의식 행위가 있었던 것으로 보인다. 예를 들어 유야이야코 처녀는 장례 복장을 하고 머리 장식을 착용한 채 발견되었고,[139] 톨룬드 남자의 경우도 의도적으로 잠자는 자세를 취하게 만든 것으로 보인다.[140] 당시 이 지역에 거주했던 사람들이 그 지역의 주변 환경 조건이 보존 효과가 있다는 사실을 인지하고 시신을 토탄 습지, 산 동굴, 얕은 사막 무덤에 묻은 후 자연의 섭리에 맡겼을 가능성이 있지만, 물론 확실히 알 수는 없다. 어느 쪽이 되었든, 자연이 항상 믿음직한 장례 조력자가 되는 것은 아니다. 극단적이고 이례적인 조건이 충족된다고 가정하더라도, 어떻게든 시신이 자연적으로 손상되거나, 곰팡이, 박테리아, 동물에 의해 먹히거나 파괴되는 것을 피해야 하기 때문에 앞의 사례처럼 자연적 미라가 발견되는 것은 극히 드문 사례다. 그러니까 죽은 자가 영원히 살기를 진정으로 원한다면 그렇게 되게 하기 위해 어떠한 조치를 의도적으로 취해야 한다.

그리고 우리는 실제로 그렇게 했다. 중앙아메리카에서 중국, 고대 에티오피아에 이르기까지 전 세계 사람들은 예로부터 시신을 부패의 위협으로부터 보호하기 위해 다양한 향신료, 광물, 나중에는 화학 물질까지 동원해가며 의도적으로 방부 처리하고 미라로 만들었다.[141] 미라로 만든 시신처럼 시신 전체를 보존하는 경우도 있지만, 시신의 특정 부분만 보존하는 경우도 있다.

기록상 가장 오래된 인공 미라 시신을 만든 사람들은 남아메리카 칠레의 친초로족이다. 친초로족은 해양 수렵 채집 문화 종족으로, 약 7,000년 전 칠레 북부의 덥고 건조한 사막에 시신을 방부 처리하고 매장했는데, 이는 고대 이집트인들이 시신을 미라로 만들기 시작한 것보다 2,000년 앞선 것이다.[142] 죽은 자의 생전 모습을 그대로 보존하려는 바람은 모든 문화에 걸쳐 나타나는 욕망이다. 인류는 수 세기 동안 때로는 실용적인 이유로, 때로는 추상적인 이유로 이를 실행해왔다. 오늘날 시신은 해부나 과학적 연구에 사용하거나, 어딘가로 옮겨서 나중에도 오랫동안 볼 수 있도록 보기 좋고 위생적인 상태로 보존되는 경우도 있고, 보호, 권력 유지, 또는 지침으로 삼을 목적으로 시신이나 그 일부 부위를 보존·전시·보관하기도 한다.

오늘날 미국에서 방부 처리는 일반적인 관행이며, 대부분의 장의사들은 실제로는 필요하지 않더라도 해당 주의 법에 따라 방부 처리사 교육을 받아야 한다.[143] 우리는 불가피한 부패를 미루기 위해 죽은 자의 시신을 어떻게든 오랫동안 보존하려고 노력하지만, 그 누구도 시간과 부패의 참혹한 피해에서 자유로울 수 없다. 사람은 죽는 순간부터 부패하기 시작한다. 죽은 자의 몸은 자가분해라는 과정을 거치는데, 이 과정에서 시신의 세포가 말 그대로 안에서부터 몸을 갉아먹는 효소를 분비하기 때문이다.[144] 아무리 발전된 보존 방법이라도 부패를 완전히 없애는 데 성공한 방법은 없다. 다시 말해, 불멸을 추구하는 것은 헛된 노력에 불과하다. 하지만 그런 생각이 불멸을 향한 우리의 노력을 막은 적이 있었던가?

기적을 만드는 사람들

가톨릭에서는 특별히 덕이 높은 이들의 시신은 영적, 도덕적 불멸성으로 인해 기적적으로 보존되고 거기에 신비로운 힘이 깃든다고 믿는다. 이들의 시신과 그 일부 부위를 '성유물'이라고 부르는데, 이러한 성유물은 유럽 전역에서 정교한 유물함에 담겨 제단 아래에 묻힌 채 발견되며 가톨릭 신자들의 공경을 받는다. 이들 중 대부분은 성인(聖人)으로 추대된 사람들이며, 특히 잘 알려진 박해받은 순교자들도 있다. 이들은 성인으로 추대됨으로써 모든 기독교 세계가 추구하는 주요 목표 중 하나, 즉 지옥의 불타는 고통을 겪지 않는 것은 물론, 천국과 지옥의 중간 지대인 연옥에서 시간을 보내는 일 없이 바로 천국으로 승천하는 특권을 이룬 사람들이다. 그들은 천국에서 하느님 곁에 거하며 가장 강력한 중재자로서 지상의 복 받을 사람들을 돕는다고 믿어진다. 따라서 가톨릭 신자들은 이런 성유물에 기도하거나, 더 나아가 성유물을 직접 만지는 것을 하느님이 가능하게 해주는 거룩한 기적에 접근하는 가장 직접적인 경로로 여긴다.[145]

성유물이라는 용어는 저마다 영적인 효능이 다른 다양한 의식용 물품을 광범위하게 일컫는다. 예수의 죽음에서 직접 가져온 물건(예: 성십자가 조각)이나 성인의 실제 유해는 최고의 권위를 갖는다. 특히 신학자의 머리나 왕의 오른손처럼, 보존된 신체 부위가 성인의 명성과 어떤 식으로든 연관되어 있는 것이면 더욱 그러했다. 신체 부위만큼은 아니었지만, 성인이 사용했거나 다른 중요한 성유물과 접촉한 물건도 신성하게 여겨졌다. 이러한 성유물은 중세 시대에 명성의 표식이자 질병과 재난으로부터 지켜주는 수호자로서 큰 인기를 얻었다. 787년, 제2차 니케아 공의회에서 모든 교회 제단에는 반드시 성유물을 두어야 한다는 조항이 법률로 통과된 후, 이런 성유물들은 교회의 지속적인 생존을 위해 꼭 필요한 물건이 되었다.[146] 문맹이 만연했던 시대에, 성유물이 신의 존재를 직접 만질 수 있고 식별할 수 있게 해주는 물건으로 여겨지면서 성유물이 있는 장소는 지역적 및 전국적인 명소가 되어 왕과 농노 등 모두의 숭배 대상이 되었다.[147] 성유물이 중세 시대의 삶과 신앙의 핵심이 되면서 성유물을 보관하기 위해 대성당이 세워졌고, 그곳은 순례와 상업의 장소가 되어 수많은 도시와 마을이 건설되고 번창했다. 이러한 교회에 갈 수 없는 사람들의 경우 성유물이 성령의 발현을 통해 그들에게 다가온다고 믿었다.

가치가 높고 공급이 부족한 모든 것이 그렇듯, 성유물에도 위조와 사기가 만연했다. 중세 시대에는 위조 성유물이 빈번하게 나돌았기 때문에 교회들은 자신들의 명성에 맞게 체계적인 검토를 실시했다. 교회 간부들로 구성된 위원회가 조사에 참여하고, 증인들을 심문하고, 성유물의 진위 여부를 결정하기 전에 각종 영적 증거를 수집했다.[148] 하지만 이런 엄격한 심사의 허점을 피해 심사를 통과한 위조 성유물도 적지 않았다. 시칠리아 팔레르모의 수호성인인 성 로잘리아는 두 천사에 의해 동굴로 인도되어 은둔 생활을 하다가 1160년 순교했는데, 그의 것으로 알려졌던 유골은 19세기가 되어서야 자연주의자 윌리엄 버클랜드에 의해 염소의 유해인 것으로 밝혀졌다.[149] 세례 요한의 성스러운 머리라고 주장되는 성유물은 다마스쿠스 대모스크, 프랑스 북부 아미앵 대성당, 카피테의 산 실베스트로 대성당에 전시되어 있었는데, 갑자기 바이에른 공작 빌헬름 5세의 소장품에서도 또 다른 세례 요한의 머리가 발견되었다.[150] 그가 비밀리에 두 개 이상의 머리를 지닌 채 살지 않았다면 누군가는 거짓말을 하고 있는 것이다.

헝가리 부다페스트의 성 이슈트반 대성당

성 이슈트반의 오른손

성 푸아의 두개골

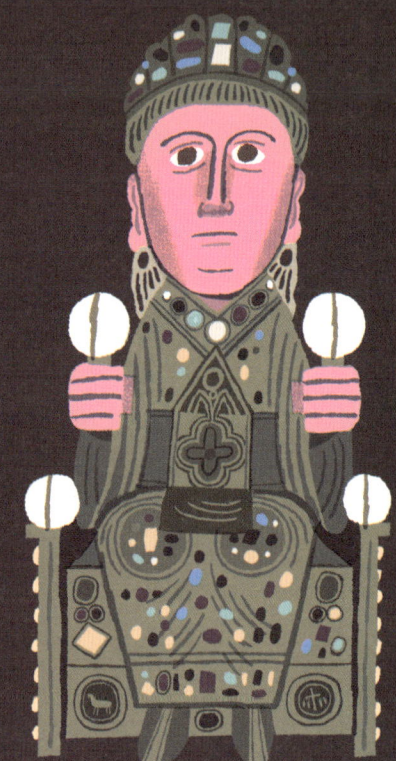

프랑스 콩크의 생트푸아 교회

이탈리아 나폴리의 성모 승천 대성당

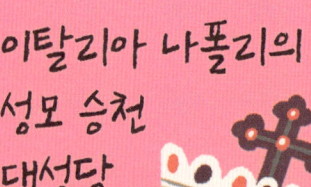

성 야누아리우스의 피

세례 요한의 머리

프랑스 아미앵 대성당

성 실반의 시신
크로아티아 두브로브니크의 성 블라시우스 교회

독일 할버슈타트의 할버슈타트 대성당

성 니콜라스의 손가락

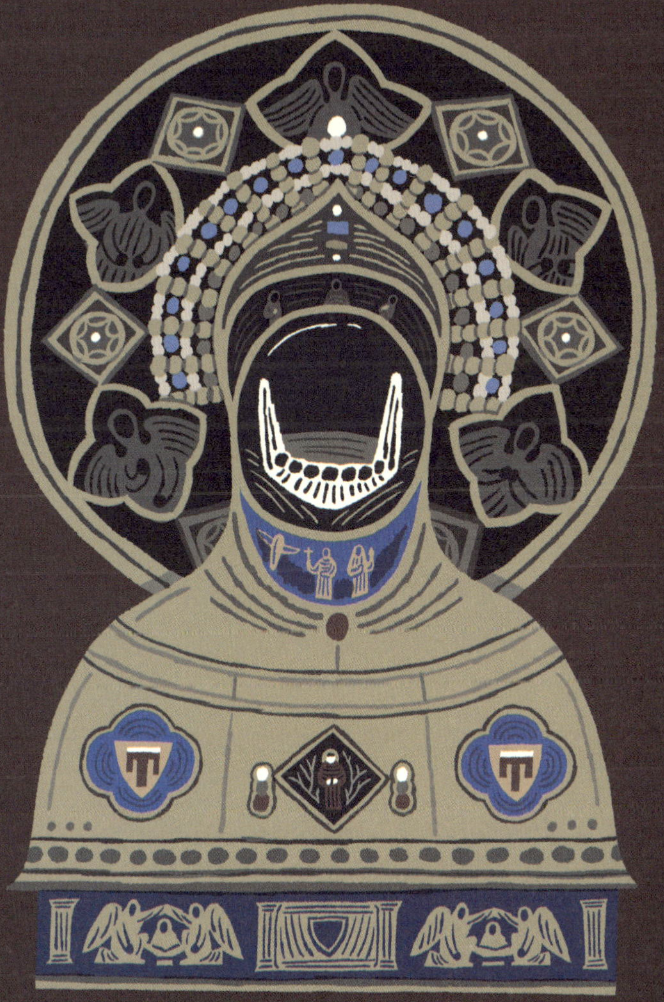

성 안토니오의 턱뼈
이탈리아 파도바의 성 안토니오 대성당

성녀 카타리나의 삶과 시대

① 이탈리아 시에나의 산 도미니코 대성당에 있는 두 개의 화려한 성유물함에는 14세기 수녀이자 작가, 신비주의자였던 성녀 카타리나의 잘린 머리와 오른손 엄지손가락이 안치되어 있다.

② 대부분의 성인들처럼, 그녀는 일생 동안 수많은 기적을 경험했다. 기도하는 동안 공중에 떠다니거나 예수 그리스도, 성모 마리아, 그 외 다른 성인들의 거룩한 환영을 보았는데, 그녀는 대여섯 살 때 이런 기적을 처음 접했다. 그녀는 7살 때 순결 서약을 했고, 마침내 16살에 부모님의 실망에도 불구하고 도미니코회 제3수도회에 입회했다.

③ 28살에 예수님과 '신비로운 결혼'을 했고, 다른 기적들과 함께 십자가에 못 박히신 예수 그리스도의 상처인 성흔을 손과 발로 받았다. 전해지는 이야기에 따르면, 그녀는 예수로부터 고독한 삶을 떠나 병들고 가난한 사람들을 돌보라는 부르심을 받았다고 한다.

④ 성녀는 남은 생애를 가난하고 병든 사람들을 위해 바쳤고, 불우한 사람들을 돕지 않는 시간에는 글을 썼다. 그녀는 교황, 군주, 평신도들에게 보낸 방대한 서한집을 쓰는 등 다작을 남겼다. 그녀가 하느님의 뜻을 전파했던 이 서한들은 그녀의 생전과 사후에 큰 영향을 남겼다.[151]

⑤ 카타리나는 수년 동안 철저한 금식 생활을 하다가 33세의 나이로 로마에서 세상을 떠났고, 산타 마리아 소프라 미네르바 성당 묘지에 묻혔다가 어떤 이유에서인지 곧바로 발굴되어 성당 내부로 이장되었다. 그러나 시에나 사람들은 지역 성인을 되찾고 싶어 했다. 도미니코회 주교이자 카타리나의 영적 고문이었던 카푸아의 레이몬드가 그녀의 머리를 몸에서 분리해 비단 자루에 담아 로마에서 몰래 빼냈다고 전해진다. 시에나로 돌아온 그녀는 도시를 가로지르는 행렬을 거쳐 도미니코회 성당으로 옮겨졌다. 자녀들보다 오래 살았던 카타리나의 어머니가 딸의 머리를 가져갔고, 나머지 유해는 로마의 산타 마리아 소프라 미네르바 성당에 안치되어 있다.

⑥ 성녀 카타리나의 명성은 사후에 급속도로 높아졌고, 그녀는 한 세기 후인 1461년에 성인으로 추대되었다. 1970년에는 아빌라의 테레사와 함께 가톨릭 신학에 기여한 공로로 교회 박사로 서임된 최초의 여성 중 한 명이 되었다. 오늘날 그녀는 질병, 간호사, 그리고 신체 질환의 수호성인으로, 그리고 이탈리아의 수호성인으로 널리 공경받고 있다.

유해를 전시하는 진짜 이유

많은 가톨릭이나 동방 정교회 신자들에게 신성한 땅에 묻힐 기회는 단순한 영예에 그치는 것이 아니라 영적 필요성의 문제였으며 교회 묘지는 이를 위한 최고의 부지였다. 실제로 교회 묘지에 대한 인기가 너무 높아지면서 끊임없이 밀려드는 시신을 수용할 공간이 부족해졌다. 결국 교회들은 임시 무덤에 시신을 묻었다가 나중에 유골을 파내 납골당에 보관하기 시작했다. 오늘날 교회 납골당은 작은 상자부터 수천 개의 유골이 담긴 대형 회당에 이르기까지 다양한 보관소를 갖추고 있다.

교회의 납골당은 대부분 영예로운 보관실로 시작되었지만, 나중에는 관심 있는 사람들을 위해 관람창을 설치하거나 대중에게 공개된 방에 유골을 전시하기 시작했다. 오늘날 유럽 전역의 교회에는 납골당, 지하 묘실, 시신 안치소 등이 있으며, 그중 상당수는 아주 멋진 뼈 예술품까지 전시되어 있다. 이 기괴한 작품들은 뼈 조각품부터 채색된 두개골까지 다양한데, 최근의 것들도 있고 신석기 시대까지 거슬러 올라가는 아주 오래된 것들도 있다. 중동에서는 사람의 얼굴을 재현하기 위해 석고로 코팅하고 조개껍데기와 물감으로 장식한 두개골 저장소가 발견되었는데, 아마도 최근에 죽은 사람들을 기리거나 조상을 숭배하기 위해 만들어졌을 가능성이 있다.[152]

물론 교회에 속한 대부분의 납골당은 조상에 대한 예배를 장려하기 위해 만들어진 건 아니었을 것이다. 오히려 그들의 유골 수집품은 일종의 죽음의 상징(메멘토 모리; 죽음을 기억하라)을 나타낸다. 즉 우리 모두 나중에 그렇게 된다는 것(뼈의 바다에는 죽음과 익명성만 있을 뿐이라는 사실)을 상기시켜주는 것이라 할 수 있다. 이 무의미한 뼛조각들을 보면 세상의 모든 영광은 아무런 의미가 없음을 알게 된다. 그러니 진정으로 중요한 것은 뼛조각들을 보존하는 것이 아니라 당신의 믿음과 구원에 집중하는 것이리라.[153] 그들의 이러한 경건한 묵상이 얼마나 성공했는지는 여러분이 직접 판단할 몫이다.

프랑스 파리 카타콤

깊이 20m에 길이가 거의 320km에 달하는 파리 카타콤은 빛의 도시 파리의 중심부에 깊숙이 뻗어 있는 광활한 지하 터널 미로다. 이 지하 연결망은 세계에서 가장 큰 납골당이지만, 일반 대중에게는 극히 일부분만 공개된다. 이전에는 채석장이었던 이 카타콤은 지금은 없어졌지만 한때 파리에서 가장 큰 묘지였던 생 이노상 묘지의 시신들을 이장해 안치하는 데 사용되었다. 오늘날 이곳에는 600만 구가 넘는 시신의 유골이 안치되어 있으며(그중 다수는 전염병의 희생자였다), 그들의 두개골이 쌓여 수 마일에 걸쳐 벽을 이루고 있다.

오스트리아 할슈타트 납골당

알프스산맥이 내려다보이는 오스트리아의 아름다운 경치 속에 자리 잡은 이 지하 납골당에는 손으로 색칠한 두개골 610개가 보관되어 있는데, 이는 유럽 최대 규모의 두개골 컬렉션이다. 모든 두개골은 채색되기 전에 무덤에서 꺼내 햇볕에 말려 부패의 흔적을 모두 제거하고 유골이 옅은 흰색으로 탈색될 때까지 건조시켰다. 그런 다음 꽃으로 장식하고 고인의 이름, 생년월일, 사망일을 적어 넣었다. 19세기에 오스트리아 사람들은 '익명의 사망자'라는 개념 자체에 반감을 품고 있었기 때문에, 유골 더미 속에서 가족의 유골을 쉽게 찾을 수 있도록 하기 위한 작업이었다고 한다. 1960년대에 교회가 화장 금지를 완화하면서 매장 관습이 줄어들기 시작해 수천 년 동안 이어져온 묘지 과밀 문제가 해결되었지만, 지금도 원하기만 하면 유골을 그곳에 아장해달라고 요구할 수 있다

체코 공화국의 세들레츠 납골당

쿠트나호라라는 작은 마을에 위치한 이 로마 가톨릭 예배당은 겉보기에는 그다지 특별할 것 없어 보인다. 하지만 묘지 아래를 들여다보면 눈길 닿는 곳마다 뼈 조각상들을 만날 수 있다. 이곳에는 약 6만 구의 유골이 묻혀 있는데, 그중 상당수는 13세기에 이 지역의 한 수도원장이 예루살렘 순례 중에 모은 흙으로 교회 묘지를 신성하게 만든 후 이곳으로 끌려 온 사람들이다. 14세기에 전염병과 십자군전쟁으로 이 마을이 황폐해지면서 약 4만 구의 유골이 더 묻혔다. 그로부터 5세기가 지난 후, 체코의 목수이자 조각가인 프란티세크 린트기 참여해 유골들을 정리하면서 많은 유골들이 성배, 조각상, 가문의 문장으로 재탄생되었다. 하지만 그의 가장 뛰어난 작품은 의심할 여지 없이 예배당 중앙에 걸려 있는 뼈로 만든 샹들리에일 것이다. 이 샹들리에에는 인체의 모든 부분의 뼈가 들어 있다고 한다.

신의 선물, 두개골

산 자를 돕기 위해 죽은 자가 보관되는 사례는 가톨릭 성유물함만이 아니다. 볼리비아 원주민 아이마라족의 집에서도 사람의 두개골을 보관하는데, 그들은 죽은 자의 두개골을 사랑하는 가족 구성원으로 대우하면서 강력한 영적 조언자, 가정의 수호자, 행운의 부적으로 여긴다.

이 두개골들을 '냐티타스', 즉 '귀여운 들창코 두개골'이라고 부르는데, 흥미롭게도 이 두개골들은 소유자의 친척이나 사랑하는 사람의 두개골이 아니다. 그들은 이 두개골을 대부분 의과대학, 고고학 유적지, 강제로 철거된 묘지 등에서 구한다. 완전히 낯선 사람의 두개골이라는 사실은 크게 문제가 되지 않으며, 심지어 두개골들이 꿈을 통해 미래의 소유자에게 자신의 존재를 알려준다는 말이 전해지기도 한다.[154] 냐티타스는 모두 두개골이지만, 그렇다고 해서 모든 두개골이 냐티타스가 되는 것은 아니다. 모든 두개골은 각기 고유한 성격을 가지고 있어서, 때로는 냐티타스의 소유자가 냐티타스와 불화를 겪기도 한다. 또 특별한 선물을 주는 냐티타스도 있다. 작가이자 장의사인 케이틀린 도티가 여러 개의 냐티타스를 보유하고 있는 도냐 엘리의 집을 방문했을 때, 케이틀린은 의료 문제를 주로 다루는 칼리토 두개골과 대학생의 수호자인 세실리아 두개골을 소개받았다. 아이마라족은 냐티타스가 삶의 모든 측면을 지배한다고 믿는다. 어떤 냐티타스는 강도를 예방하는 데 능력이 있고, 또 어떤 냐티타스는 전문적인 지도가 필요한 은행가들이 주로 찾는다. 냐티타스를 찾아 지혜를 구하고 중재를 위해 기도하는 사람들이 남긴 사탕, 소다, 과일은 모든 사람들이 함께 나누고 즐긴다.[155]

볼리비아에서 두 번째로 큰 토착민 그룹인 아이마라족이 사는 지역인 라파즈에는 가톨릭 교도들이 많지만, 이들의 노력 덕분에 냐티타스 의식은 사라지지 않고 있다. 이 지역에서 두개골은 오랫동안 중요한 의식으로 지켜져왔다. 안데스 지역민들[156]은 머리가 지혜와 힘의 원천이며, 누구든 그 머리를 소유한 사람이라면 그 머리 주인의 지혜와 힘이 모두 전달된다고 믿었다.[157] 그런데 16세기 스페인 사람들이 볼리비아에 도착하면서 문제가 발생했다. 그들은 볼리비아 토착민들을 강제로 가톨릭으로 개종시키고, 이에 저항하는 사람들을 악마 숭배 혐의로 재판에 회부했으며, 토착 신앙에 뿌리를 둔 전통을 체계적으로 말살했다.[158] 라파즈에 있는 성당은 최근까지도 냐티타스를 기념하는 일요일 축제를 허용하지 않았는데, 그 메시지는 분명했다. 죽은 자의 시신은 공경하되, 가톨릭 방식을 따르라는 것이었다.

그러나 사상은 그렇게 쉽게 파괴되는 것이 아니다. 차별과 억압에 직면한 아이마라족의 관습은 지하로 감추어졌다. 오늘날 존재하는 신앙은 일종의 혼합주의적 체계로, 규범적인 가톨릭 의식의 바탕에는 토속 마법의 노골적인 흐름이 깔려 있다. 라파즈에서는 성모 마리아 초상화가 민간 사당 맞은편에 걸려 있으며, 무려 73개의 냐티타스를 보유한 엘리자베스 '엘리' 포르투갈 코로네스 데 아두비리 같은 투시자들은 두개골과의 신비로운 연결을 신의 선물이라고 설명한다.[159]

미래 예측

두개골은 때때로 미래를 예언하는 데 사용된다. 코카 잎을 두개골 입에 넣은 다음 영매가 그 잎을 씹고 그 달콤함에 따라 미래를 예측한다. 영혼과 소통하기 위해 '야티리'라는 아이마라족 주술사들이 고용되기도 한다.[160]

해골의 날

냐티타스도 매년 '해골의 날'이라는 자체적인 명절이 있다. 죽은 자들을 기념하는 대부분의 축제는 사랑하는 사람을 잃었거나 죽음의 불가피성에 대처하기 위한 것이지만, 해골의 날은 그와는 달리 두개골과 그 소유자 사이의 유대감을 기념하기 위해 열린다. 라파즈에서는 이 축제 기간 동안 5,000명에서 1만 명에 이르는 엄청난 인파가 운집한다.[161] 이 기간 동안 사람들은 각자의 집에 보관되어 있던 수천 개의 두개골을 집에서 가지고 나와 조심스럽게 손질한 후 보호용 유리 상자에 담거나 고운 공단 베개 위에 올려놓은 채 지역 묘지로 옮긴다. 두개골 주인들은 도시 거리를 누비며 기도하고 노래 부르며, 소중한 두개골을 묘지 곳곳에 전시한다. 묘지에는 세레나데가 울려 퍼지고 코카 잎, 담배, 꽃 등이 제물로 바쳐진다.

도움의 손길이 아니라 도움의 머리?

냐티타스는 축제 기간 외에는 대개 사람들의 눈에 띄지 않는다. 대체로 집 안의 제단이나 캐비닛 속에 보관되지만, 기업이나 단체를 돕는 데 사용되기도 한다. 라파즈의 한 경찰서에 보관되어 있는 두 개의 냐티타스가 바로 그 예다. 형사들은 이 두 냐티타스를 '후아니토'와 '후아니타'라는 애칭으로 부르는데, 이 두 냐티타스는 수백 건의 사건을 해결한 공로를 인정받고 있다. 경찰관들은 그들이 보관되어 있는 제단 앞에 필요한 정보를 요청하는 서면을 남기고, 그들의 충실한 봉사에 대한 보답으로 촛불, 사탕, 담배, 코카 잎이 제공된다.[162]

미라화 기술의 등장과 쇠퇴

사람의 시신 보존에 대해 이야기할 때 가장 먼저 떠오르는 이미지는 아마도 미라일 것이다. 전 세계 거의 모든 대륙에서 발견된 인간과 동물의 미라 중에서 가장 유명한 것은 두말할 나위 없이 고대 이집트의 미라다.

초기 선사 시대 미라는 모래 속에 웅크린 자세로 묻혔는데, 비가 거의 오지 않는 이집트 사막의 덥고 건조한 기후 덕분에 자연적으로 보존될 수 있었다. 그러나 기원전 2600년경 고대 이집트인들은 죽은 자의 영혼이 사후 세계에서 불멸을 향한 여정을 계속할 수 있도록 의도적으로 미라를 만들기 시작했다.[163] 그들은 이후 2,000년 동안 이 기술을 완성시켰지만, 서기 311년 로마 시대 말부터 점차 쇠퇴하기 시작했고 4세기경 이집트에서 기독교가 부상하면서 이 기술은 최후의 결정타를 맞았다. 미라로 만들어진 것은 인간만이 아니었다. 고대 이집트인들은 고양이, 개 코원숭이, 새, 물고기, 심지어 악어와 하마까지 미라로 만들어 수백만 마리의 동물을 매장했다. 어떤 동물들은 매장된 사람의 자양분이 되기 위해 미라화되었고, 어떤 동물들은 이집트 신들의 신성한 화신이 되어 사원에 바쳐졌다. 또 많은 반려동물들이 사후 세계에서 주인과 함께하기 위해 주인 옆에 함께 묻히기도 했다.[164]

미라 만들기

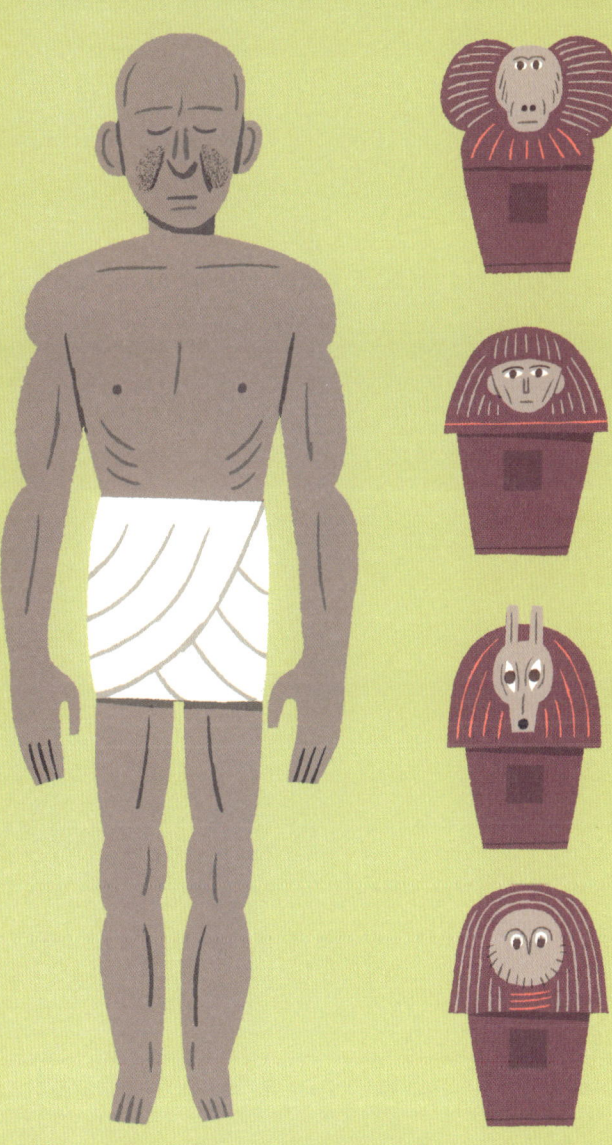

❶ 장기 제거

방부 처리 사제들이 진행한 이집트의 미라화 과정은 70일이 걸렸다.[165] 그들은 가장 빨리 썩는 부위인 내장부터 먼저 제거했다. 복부 왼쪽을 절개해 몸통의 장기를 제거한 다음, 콧구멍에 갈고리 모양의 도구를 꽂아 뇌를 조심스럽게 파냈다. 죽은 자의 정수인 혼(카; ka)을 담고 있는 심장만 시신에 남겨놓았고 다른 장기들은 카노푸스 단지에 보관되었다. 신왕조 시대(기원전 1570년경~1070년경)에는[166] 이 단지의 뚜껑에 이집트 신 호루스의 네 아들을 나타내는 머리 조각상이 달려 있었는데, 개코원숭이 하피는 폐를, 인간인 임세티는 간을, 자칼인 두아무테프는 위를, 매인 케베세누프는 내장을 담당했다.[167] 후대의 미라에서는 장기를 단지에서 꺼내 포장한 후 원래 있던 자리에 넣었지만, 속이 빈 카노푸스 단지도 여전히 시신과 함께 매장되었다.

2 수분 제거

아마도 미라로 만드는 과정 중 가장 지루한 과정이 바로 이 단계일 것이다. 장기를 제거한 시신의 속을 천연탄산소다(마른 호수 바닥에서 채취한 일종의 소금)로 채우고 덮은 다음 테이블 위에 놓고 건조시킨다. 시신이 완전히 건조되면 천연탄산소다를 제거하고 깨끗이 씻어낸다.

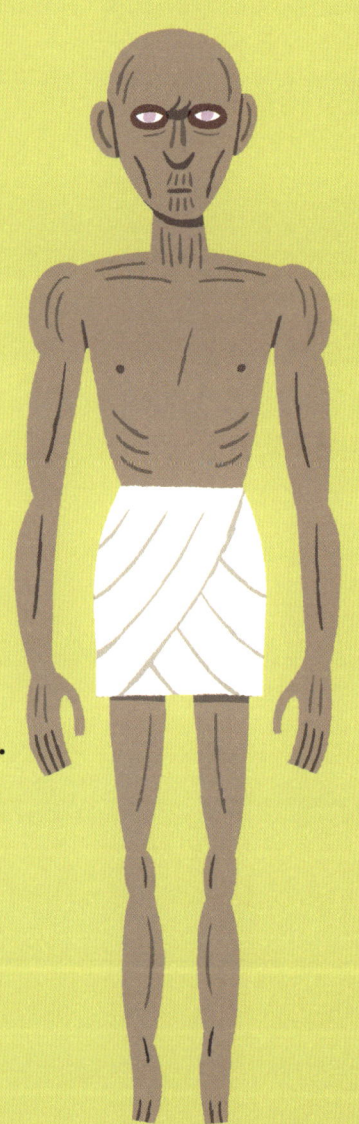

3 손질

건조된 시신의 패인 부분을 리넨(아마 섬유)과 다른 재료들로 보강한다. 가짜 눈을 달고 립스틱 같은 화장품을 바른 다음 시신을 씻어내고 기름을 바른다.

❹ 천으로 감싸기

시신을 수백 미터 길이의 리넨으로 감싸고, 천의 겹 사이에 수지를 칠한다. 이때 수호 부적과 마법의 주문이 적힌 리넨 띠도 함께 넣는다. 각종 사고를 막게 해달라는 기도를 올린 후, 마지막으로 시신을 천으로 감싸고 리넨 띠로 고정시킨다.

❺ 상자에 넣기

미라가 완성되면, (사망자의 얼굴에 석고를 발라 형을 떠낸) '데스 마스크'를 씌운 다음 시신을 나무 관이나 석관에 담는다. 한 사람에게 사용되는 관의 수와 각 겹을 장식하는 방식은 시대에 따라 달랐지만, 일반적으로 영향력 있는 인물은 서너 개의 나무 관에 안치한 다음 돌로 만든 석관에 다시 안치되었다.

PART 4　보존

이 모든 과정이 끝나면 미라는 매장 준비를 마친 것이다. 특히 고대 이집트의 파라오에게는 음식, 가구부터 사냥감, 조각상에 이르기까지 온갖 부장품들이 매장에 수반되었다. 사후에 필요한 모든 물건들을 함께 묻어주어야 한다고 생각했기 때문이었다. 심지어 장인, 하인, 궁정 고문까지 영원히 왕을 돕기 위해 희생되기도 했다. 파라오는 매우 정교한 석관에 안치되었고, 그 석관은 기자의 대피라미드 같은 거대한 무덤에 안치되었다. 귀족들과 관리들도 어느 정도 화려한 장례 의식을 치렀지만 대부분의 사람들은 그런 사치를 누릴 여유가 없었기 때문에 대개는 좀 더 소박한 형태의 방부 처리나 매장을 선택했다. 미라를 매장하기 전에는 매우 중요한 '입 개방 의식'이 거행되었는데, 이는 사제가 시신의 여러 부분을 상징적으로 '열어서' 사후 세계의 삶을 맛보고, 듣고, 보고, 냄새 맡고, 그 외 다른 방식으로 즐기는 데 필요한 감각을 일깨우는 의식이다.

이집트인들은 영혼을 지속적으로 생존하게 하기 위해서는 육신의 보존이 매우 중요하다고 생각했다. 영혼은 세 부분으로 구성되는데, 앞서 언급한 카(ka)는 시신과 함께 무덤에 머물면서 죽은 자와 함께 묻힌 부장품을 사용했고, 바(ba)는 마음대로 무덤을 드나들 수 있었다. 그리고 아크(akh)는 사후 세계인 '두아트'로 이동해 죽음과 미라화의 신인 '아누비스(아마도 사제들이 미라를 만드는 과정의 여러 단계에서 아누비스의 가면을 착용했을 것이다)'가 주관하는 의식인 '심장의 저울 심판'에서 심판을 받았다. 의식의 이름에서 알 수 있듯이, 질서와 진실의 여신 '마아트'를 상징하는 깃털이 놓인 저울 위에 심장의 무게를 달았는데, 영혼이 가치 있다고 여겨지면(심장이 깃털보다 가벼우면) 갈대밭으로 들어갈 수 있었다. 갈대밭은 지상 생활과 비슷하지만 불화와 고통이 없는 낙원이다. 그러나 심장이 깃털보다 무거우면, 영혼은 '아미트'라는 악어-사자-하마의 형상을 한 존재에게 즉시 삼켜졌다.[168] 이 심판 의식에는 지하 세계의 왕 오시리스도 참석했는데, 미라를 통해 죽음과 부활을 경험한 그의 이야기는 고대 이집트의 가장 중요하고 상세한 신화의 기반이 되었다.

미라 열풍

15세기부터 19세기까지 유럽인들은 미라에 강한 집착을 보였다. 이 기간 동안 수많은 미라가 거래되고, 약탈당하고, 발굴된 후 바다 건너 운반되었다. 이 과정에서 유럽 전역의 박물관 소장품으로 들어간 미라도 있었지만 훨씬 더 많은 미라들이 훨씬 더 기이한 운명을 맞았다. 1800년대의 라파엘전파 화가들(라파엘로 이전 시기인 14~15세기의 이탈리아 화가들과 비슷한 양식의 그림을 그린 19세기 영국 화가들을 칭한다-옮긴이)은 '미라 브라운'이라는 색조를 선호했는데, 이는 백송, 몰약, 그리고 고대 이집트 미라의 유골 가루를 혼합해 만든 진한 암갈색 색조를 말한다. 하지만 이런 유골 가루를 원하는 사람들은 예술가들만이 아니었다. 중세 시대 유럽에서는 미라 가루가 타박상부터 간질에 이르기까지 다양한 질병의 만병통치약으로 널리 판매되었다. 심지어 무미아(당시에는 미라를 '무미아'리고 불렀다)를 음료에 타거나 연고처럼 외용으로 바르기도 했다.[169] 미라에 대한 수요가 워낙 높다 보니, 16세기 이집트 전역에서 미라 수출이 금지되었고 이로 인해 가짜 미라를 거래하는 암시장까지 생겨날 정도였다. 갓 죽은 시체에 역청을 바르고 오븐에서 말린 후 리넨으로 싸서 오래된 미라인 것처럼 고객을 속이려 하는 일이 횡행했다. 결국 이런 일이 매우 큰 사회 문제로 떠올랐고, 당시 의학계 권위자들(루이 14세의 개인 약사였던 피에르 포메도 여기에 포함되었다)이 모든 미라 구매자들에게 '뼈나 먼지로 가득하지 않고, 좋은 냄새가 나며, 태워도 역청 냄새가 나지 않는 고운 광택의 검은색' 미라를 선택하라고 권하는 웃지 못할 상황까지 벌어졌다.[170] 미라에 특정 약효가 있다는 오해는 아랍어 '무미야(상처를 치료하는 데 사용되는 일종의 타르를 의미하는 말)'의 오역에 기인했을 가능성이 있다. 이후 서기 7세기 아랍인들이 이집트를 정복했을 당시, 역청과 오랜 세월로 검게 변한 미라화된 인간 유해를 묘사하는 데 이 단어를 사용했기 때문이다.[171]

PART 4 보존

혁명은 영원하다

국가의 우두머리를 보존한 것은 고대 이집트인들만이 아니었다. 정치 지도자와 국가적으로 영향력 있는 사망자의 시신이 방부 처리되어 일반 대중에게 공개되는 경우가 종종 있었는데, 특히 독재자들과 공산당 지도자들 사이에서 이런 식의 시신 보존이 유행했다. 시신을 분홍색 화학 물질로 씻은 다음, 특수 여광기 조명에 완전히 살균 처리되고 온도가 조절되는 특별한 방에 방부 처리해 보관시켜놓음으로써, 일반 대중들에게 혁명의 강력하고 지속적인 상징으로서의 역할을 수행하게 한 것이다. 대부분의 공산당 지도자들은 자신을 방부 처리하지 말라고 당부했지만, 그럼에도 불구하고 그들의 시신은 대중들에게 어떤 메시지를 전달하기 위해 이용되었다. 바로 그가 죽은 후에도 그가 구축한 정치 질서는 무너져서는 안 되며 결코 가볍게 여겨져서도 안 된다는 무언의 메시지였다.

사실 이런 인물들 중 상당수는 살아생전부터 자신에 대한 숭배를 조장해왔는데, 정치학자 파오민 창은 이를 '의도적으로 신과 같은 형상을 만들어 자신에게 투사하고 이를 전파함으로써 자신의 지위와 권위를 인위적으로 높이는 행위'라고 설명했다.[172] 그들은 대개 자국 역사의 격동기에 권력을 잡은 사람들이다. 급속한 산업화의 와중에 정적에 둘러싸인 이 카리스마 넘치는 지도자들은 민족성, 국가, 자유, 혁명 같은 세속적인 개념들을 신성시하고 이를 핵심적인 정치적 종교로 삼았다. 이들은 전체주의 체제하에서 신앙의 언어(숭배의 대상, 부패하지 않는 육체, 무소불위의 권력)를 빌려 행동 강령부터 윤리 체계에 이르기까지 사회의 모든 측면을 완전히 장악했다.[173] 이들은 자신의 권력을 공고히 하기 위해 의도적으로 개인 숭배를 유도했다. 러시아 혁명가 블라디미르 레닌의 경우 생전에 대중의 찬사를 받는 것이 마르크스주의 이념 자체에 어긋난다며 격렬하게 반대하기도 했지만,[174] 그런 그조차도 사후에 시신이 방부 처리되고 숭배되는 것을 막을 수는 없었다.

블라디미르 레닌(1870~1924)

레닌은 공산주의 지도자로서 최초로 방부 처리된 영예를 안았다. 비록 추종자들에게 자신을 어머니와 함께 묻어달라는 유언을 남겼지만 말이다. 그는 붉은 광장에 있는 거대한 피라미드형 영묘에 안치되었으며 사망 후 오늘날까지 100년 동안 그곳에 보존되어왔다. 2차 대전 중 소련의 독재자였던 이오시프 스탈린도 1953년 방부 처리되어 레닌의 옆에 묻혔지만, 언론 검열이 완화되면서 대중의 인기가 크게 떨어졌고 결국 1961년에 후루쇼프에 의해 이장되었다.[175]

마오쩌둥(1893~1976)

중화민국 건국의 아버지인 마오쩌둥 역시 화장을 요청했지만, 그 역시 천안문 광장에 걸려 있는 거대한 초상화처럼 변함없이 그 모습이 유지·보존되고 있다. 그는 중국 역사에서 여전히 논란의 여지가 있는 인물이지만, 국가 통합의 상징으로서 오늘날에도 중국 곳곳에서 강력한 영향력을 행사하고 있다.[176] 그의 시신은 마오쩌둥 주석 기념관에 영원히 안치되어 있으며, 매년 수백만 명의 방문객이 찾는다.

호찌민(1890~1969)

베트남 혁명 지도자 호찌민의 방부 처리된 시신은 하노이에 있는 그의 이름을 딴 영묘의 유리 석관에 안치되어 있다. 하지만 그 역시 화장을 요청했었다고 한다. 베트남에서 '호 아저씨'라는 애칭으로 불리는 그는 레닌의 시신을 처리했던 바로 그 팀에 의해 방부 처리되었으며, 러시아 과학자들은 지금도 시신 관리에 대해 매년 수시로 조언을 주고 있다.

아주 특별한 사례, 에바 페론

시신이 영구 보존된 국가 지도자들을 보면, 그들의 죽음은 아주 일사천리로 진행된다. 그런 인물이 죽으면 그의 유언은 철저히 무시되고, 시신을 방부 처리한 후 유리 상자에 안치시켜 남은 세월 동안(혹은 적어도 여론이 그에게 불리하게 흘러갈 때까지) 일반 대중에게 공개 전시되는 것이다.

그러나 아르헨티나 대통령 후안 페론의 사랑하는 아내, 에바 페론 영부인의 시신은 이와는 달랐다. '에비타'라는 애칭으로 불린 그녀는 가난한 집안에서 태어나 성우와 영화배우로 명성을 얻었다. 보잘것없는 집안에서 자랐으면서도 많은 자선활동을 벌여 아르헨티나 노동자 계층으로부터 큰 인기를 얻었는데, 그녀는 이들을 '데스카미사도(가난한 노동자)'라고 불렀다. 이 말은 처음에는 아르헨티나의 지식층들이 페론 지지자들을 조롱할 때 사용한 경멸적인 표현이었으나, 나중에는 강력한 구호로 재사용되었다. 1952년 7월 26일, 33세의 나이에 암으로 요절한 그녀에 대한 국민들의 슬픔이 얼마나 깊었는지, 열흘 동안 온 나라가 거의 마비될 지경이었다.

에바는 몰랐겠지만, 남편인 페론 대통령은 그녀가 죽자마자 저명한 의사 페드로 아라에게 방부 처리를 맡겼고, 의사는 그의 명령을 충실히 따랐다. 이후 몇 년에 걸쳐 그녀의 모든 혈액은 장기 보존을 위해 글리세린으로 대체되었고, 피부는 얇은 비닐로 코팅되었다. 페론 대통령은 그녀의 시신을 자유의 여신상보다 더 큰 기념비에 전시할 계획이었다. 그녀가 정치인으로서 그냥 잊히기에는 대중으로부터 너무 많은 사랑을 받았기 때문이다.[177] 하지만 불행하게도 1955년 일어난 군사 쿠데타로 후안 페론이 축출되면서 그의 계획은 실현되지 못했다. 군부는 반란을 촉발하는 데 사용될까 우려해 에바의 시신을 몰수해 2년 동안 전국 곳곳에 유기시켰다. 그들은 그녀의 시신을 주차된 밴 안, 영화관 스크린 뒤, 그녀의 시신을 몰수한 사람들의 사무실 등에 숨겼다. 그러나 바티칸의 도움으로 그녀의 시신은 이탈리아로 옮겨져 가명으로 밀라노에 묻혔다.

하지만 아르헨티나 국민들은 에비타를 잊지 않았다. 아르헨티나 도시 곳곳에는 그녀의 행방을 찾는 낙서가 넘쳐났고, 쿠데타를 일으켰던 페드로 에우제니오 아람부루 장군은 1970년 페론을 추종하는 게릴라들에게 암살당했다. 에바의 시신은 비록 약간 멍들고 손가락 마디 하나가 잘려 약간 짧았지만, 망명 중이던 후안 페론에게 마침내 전달되었다. 당시 페론은 세 번째 부인 이사벨과 함께 스페인에 살고 있었는데, 1973년 후안이 대통령으로 재선되자 에바의 시신도 함께 고국으로 돌아왔다. 1년 후 후안이 사망하자 부인인 이사벨 페론이 아르헨티나 대통령으로 취임하면서 새로운 기념비를 세워 에바의 시신을 묻을 계획을 세웠다. 그러나 1976년, 아르헨티나 역사상 가장 피비린내 나는 쿠데타가 일어나 이사벨 정부가 전복되면서, 에바는 이번에도 기념비에 묻힐 운명을 맞지 못했다. 결국 에바의 시신은 부에노스아이레스에 있는 가족 영묘로 이장되어 기념비 대신 거대한 금속 벙커에 묻혔다.[178]

오늘날 후안 페론(과 에바)이 남긴 유산은 여전히 논란거리가 되고 있다. 두 사람은 아르헨티나 노동계급의 폭넓은 지지를 받았다. 물론 아르헨티나 경제가 오늘날처럼 바닥을 치지 않았을 때의 일이다. 후안은 세 번이나 대통령에 당선되었고,[179] 에바는 여성 참정권의 열렬한 지지자로 가난하고 억압받는 계층 사이에서 강력한 상징으로 기억되고 있다.[180] 그러나 한편으로는, 후안은 무솔리니를 우상화한 것으로 악명이 높았고, 그의 재임 기간 동안 폭력 사태가 끊이지 않았으며, 언론 탄압과 정적 투옥 등 파시스트적인 행태가 두드러졌다. 하지만 페론 부부를 어떻게 보든 한 가지는 분명하다. 에비타가 죽은 순간부터 그녀는 더 이상 그녀 자신이 아니었다. 20여 년을 이어온 그녀의 특별한 사후 여정은, 정치인들이 사후 인간을 신화로 만들어 인간성을 말살시키는 악순환을 보여주는 증거라고 할 수 있다.

깊은 잠

역사를 통틀어 볼 때, 시신을 인공적으로 보존하는 것은 그나마 부유하고 권력 있는 사람들만이 할 수 있는 일이었다. 하지만 이탈리아 팔레르모에 위치한 지하 묘지 '카푸친 카타콤베'에는 각계각층의 인물 1,284명의 시신이 보존되어 있다.

이 지하 묘지는 원래 카푸친 수도회 수녀원의 묘지였는데, 이곳에서 수도사 45명의 시신이 기적적으로 보존된 채 발견되면서 세상에 널리 알려지기 시작했다. 카푸친 수도회는 이 발견을 신의 섭리로 여기고 그들을 다시 매장하지 않기로 결정하고, 지하 묘지 통로의 벽을 따라 벌어진 틈새에 안치해 전시했다. 대부분의 시신은 콜라토이오(시신에서 체액을 모두 빼내는 일종의 건조실)에서 탈수되어 미라로 만들어졌다. 약 1년 정도 지난 후에 말라붙은 시신을 식초로 씻어내고 다시 수의를 입혔다.[181] 처음에는 수도사들만 미라로 만들었지만 나중에는 지역 주민들의 시신도 같은 방식으로 보존해 전시하기 시작했다.

이 지하 묘지는 수 세기 동안 작가들과 예술가들의 마음을 사로잡았다. 18세기 이탈리아 시인 이폴리토 핀데몬테는 팔레르모에 전시된 시신들을 보고 "이 시신들은… 자신의 삶의 모든 순간을 그리워하는 것 같다"라고 썼다.[182] 나이, 성별, 직업, 사회적 지위 등에 따라 분류된 이 미라들은 부패 단계에 따라 뚜껑이 열린 관에 담겨 있거나, 선반에 올려져 있거나, 좁은 복도 벽에 매달린 채로 전시되어 있다. 어떤 미라는 수백 년 된 것도 있는데, 그중 가장 오래된 미라는 1599년에 사망한 실베스트로 다 구비오 수도사의 미라다.[183] 그러나 안타깝게도 오랜 세월로 인해 많은 미라가 제 모습을 잃었다. 어떤 미라는 코가 없고, 어떤 미라는 뺨과 눈이 없다. 중력과 얼굴 인대의 점진적인 이완으로 많은 시신의 얼굴이 일그러져서 마치 끝없는 비명을 지르는 것처럼 보인다.[184]

영원한 잠에 빠진 여인

팔레르모의 카푸친 지하 묘지에서도 화학적 방부 처리가 된 시신은 극소수에 불과하다. 그중에는 붉은 얼굴을 하고 있는 안토니오 프레스티지아코모라는 여인이 있는데, 그녀는 전염병이 한창일 때 흔히 행해지던 비소 처리로 보존되었다.[185] 그러나 방부 처리된 시신 중 가장 유명한 것은 의심할 여지 없이 1918년 폐렴으로 사망한 이탈리아의 어린 아기 로잘리아 롬바르도의 시신일 것이다. 로잘리아의 죽음에 너무나 상심한 그녀의 아버지는 시칠리아 출신 화학자 알프레도 살라피아에게 방부 처리를 요청했다. 로잘리아는 카푸친 지하 묘지에 안치된 마지막 시신 중 하나인데, 매년 수천 명의 관광객이 그녀를 보기 위해 몰려든다. 그도 그럴 것이, 실제로 로잘리아는 죽은 지 100년이 넘은 오늘날에도 단지 유리 진열장 속에서 잠들어 있는 것처럼 보이기 때문이다. 시칠리아 전설에 따르면, 로잘리아의 시신이 너무나 잘 보존되어 있어서 그녀의 시신 앞에서 한참 머물며 잘 들여다보면 그녀가 눈을 천천히 뜨는 모습을 볼 수 있다고 한다.

산 사람으로 취급받는 시체

인도네시아 타나 토라자에서는 죽음을 점진적으로 변화·발전하는 사회적 과정으로 보고, 죽은 자의 생전 지위에 걸맞은 장례를 치른 후에야 비로소 죽은 것으로 간주한다. 이런 장례식은 그 규모가 매우 커서 수백 명의 인파가 몰리고 비용도 많이 들기 때문에, 가족들은 그에 걸맞은 장례식 비용을 마련하는 데 오랜 시간이 걸릴 수 있다. 따라서 장례식이 치러지기 전까지는 시신 앞에서 그 사람의 삶은 여전히 계속되고 있는 것이다. 가족의 시신은 방부 처리되어 집 안에 보관되며, 적절한 장례를 치를 때까지는 마치 살아 있는 사람처럼 대우받는다. 그들은 단지 아프거나 잠든 것으로 간주되기 때문에 상징적으로 음식도 제공받고 옷도 갈아입혀지며 계속 돌봄을 받는데, 때로는 이 기간이 수년 동안 지속되기도 한다.

인도네시아는 국민의 대다수가 무슬림이지만, 남술라웨시의 토라자족은 전통적으로 '알룩 투 돌로'라고 알려진 정령숭배 종교를 고수해왔다. '옛 사람들의 믿음'이라는 의미의 이 정령숭배 신앙은 1900년대 초까지 번성하다가 네널란드 통치하에 기독교가 도입되면서 퇴보했지만,[186] 이들의 장례 의식은 아직도 여전히 남아 있다. 이들은 박제사가 동물 가죽을 단단하고 강하게 만들기 위해 사용했던 것과 유사한 화학 물질, 즉 다양한 기름, 찻잎, 나무껍질 등을 사용해 시신을 미라로 만들었다.[187] 오늘날에는 포르말린과 기타 현대식 방부제를 사용해 시신을 보존해놓고 매일 음식과 차, 그리고 다른 제물들을 시신 앞에 바친다. 시신은 산 사람들 가까이에서 보존되며, 심지어 어린아이들도 시신 곁에서 자유롭게 지낸다. 실제로 이곳의 많은 사람들은 어린 시절에 돌아가신 조부모님과 몇 년씩 같은 침대에서 잤던 기억을 떠올리기도 한다.[188]

마침내 모든 준비가 끝나고 장례식이 다가오면, 하객들은 큰 행렬을 지어 동물, 음식, 음료 등을 제물로 바친다. 북과 심벌즈 부딪치는 소리가 울려 퍼지는 가운데, 장례 행렬이 어깨 위로 들어 올려서 가져온 토라자족의 전통 가옥인 '통코난'의 축소 모형으로 비로소 시신이 옮겨진다. 이 집은 지붕이 위로 솟아오른 독특한 배 모양을 하고 있는데, 죽은 자의 영혼이 사후 세계인 '푸야'로 윤회하는 데 도움을 주기 위해 기울어져 있다.[189]

토라자족 장례 의식의 핵심은 물소와 돼지 같은 동물을 제물로 바치는 것이다. 처음 제물로 올리는 동물이 죽은 후에야 비로소 고인의 몸에 닥친 '질병'이 끝난다고 믿는다. 타나 토라자의 장례식은 또 죽은 자의 사회적 지위에 따라 크게 달라진다. 매우 중요한 인물의 경우, 죽은 자에 대한 존경과 사랑의 표시로 수백 마리의 물소를 제물로 바치는데,[190] 물소는 죽은 자의 영혼을 인도하고 호위하는 존재로 여겨지기 때문이다. 물소가 죽은 자를 등에 태우고 저승으로 갈 뿐만 아니라, 산 사람들에게 불행이 와서 머물지 않도록 보호해준다고 믿는 것이다. 모든 장례 과정이 끝나면 도축된 동물의 고기를 손님들에게 나눠주는데, 신분이 높은 사람들은 가장 좋은 부위를 받아 집으로 가져간다.[191]

일주일간의 장례 의식이 끝나면 마을 사람들은 관을 마지막 안식처로 가져가는데, 대개는 절벽 위의 납골당이다. 때로는 '타우타우'라는 나무 인형을 만들어 관을 지키게 한다.[192] 가족들은 몇 년마다 한 번씩 무덤을 찾아 '마네네'라는 두 번째 장례식을 치른다. 이 두 번째 장례식에서는 죽은 자의 시신을 관에서 꺼내 새 옷을 입히는데, 토라자족에게는 이런 절차가 전혀 이상하거나 무서운 일이 아니다. 작가이자 사진작가인 폴 쿠두나리스가 한 토라자족 남성에게 어렸을 때 할아버지의 시신을 왜 그런 식으로 다루었는지 이해하느냐고 묻자, 그는 주저하지 않고 간단하게 대답했다. "할아버지를 사랑했으니까요."[193]

죽음의 식단

가장 헌신적인 불교 승려들의 경우 죽기 전에 보존 과정이 시작된다. 일본에서는 11세기부터 '살아 있는 부처'로 알려진 사람들이 '바로 이 몸으로 부처가 되기'라는 자기 미라 의식을 거행한다.[194]

자기 몸으로 만들어진 미라는 대부분 산에서 거주하며 신도와 불교(밀교)의 혼합된 형태인 '슈겐도'를 따르는 사람들이다. 슈겐도는 고통과 자기 희생을 강조한다. 슈겐도의 승려들은 동굴 명상, 냉수 재계, 장기간 단식과 같은 금욕 의식에 익숙해져 있다. 그러한 인내와 고통의 행위를 감수하는 것이 세속적인 인간을 신성에 더 가까이 데려다준다는 생각 때문이다. 야마가타현의 깊은 산속으로 들어가면 승려의 가사(왼쪽 어깨에서 오른쪽 겨드랑이 밑으로 걸쳐 입는 승려의 법의-옮긴이)와 염주를 걸치고 끊임없는 명상에 잠겨 있는 미라들을 만날 수 있다. 어떤 미라들은 300년이 넘었음에도 불구하고 놀라울 정도로 잘 보존되어 있다.[195]

하지만 불로불사는 쉽게 이루어지지 않는다. 자기를 미라화시키는 데는 약 10년이 걸리는데, 이 기간 동안 승려들은 모쿠지키교, 즉 문자 그대로 '나무를 먹는' 엄격하고 극심한 식단을 유지한다.[196] 이들은 열매 및 견과류나 씨앗류는 물론 나무껍질과 솔잎과 같은 식용 식물로 연명하는 동시에, 가능한 한 많은 체지방을 제거하는 고강도 운동 요법을 끊임없이 반복한다(지방은 수분 함량이 높아 분해 과정을 촉진하기 때문에 이는 매우 중요하다).[197] 그들은 나무에 옻칠을 하는 데 흔히 사용되는 재료인 옻나무의 독성 수액으로 만든 차 외에는 어떤 음료도 마시지 않는다. 그 유독성 차 수액은 필연적으로 구토를 동반했지만 그들의 몸을 건조하게 만들었고, 몸에서 분해 과정이 일어나지 않도록 보호하는 역할을 했다. 결국 이러한 식습관이 10년 이상 이어지며 몸의 수분을 걸러내면서 그들은 천천히 굶어 죽는 것이다.

죽음이 다가온 것을 알게 되면, 그 승려는 대나무 공기통과 종만 있고 아무것도 공급되지 않는 방에 산 채로 스스로를 가둔다. 그는 숨이 붙어 있는 동안 매일 종을 울리고, 종이 멈춘 날에 숨이 끊어진 것으로 간주하여 그 방은 봉인된다. 그리고 3년이 지난 후에야 문을 열어 그 승려가 실제로 미라가 되었는지 확인한다.[198] 결국 성공적으로 미라가 된 승려들은 봉안되고, 미라가 되지 못한 승려들(대부분 그렇다)은 잡귀를 쫓아낸 다음 다시 매장된다.[199] 이 관행은 이후 불법화되었지만, 가톨릭에서와 마찬가지로 부패하지 않은 이 보살들의 시신은 여전히 신성하게 여겨진다. 일본 북부 전역에 있는 사찰에 이들의 시신이 모셔져 있는데, 6년마다 옷을 벗기고 다시 입히는 의식이 행해진다. 사람들은 이때 버려지는 옷을 구매해 부적으로 사용한다.

세상에서 가장 멋진 미라

이처럼 산 채로 미라화된 불교 보살은 태국, 중국, 인도 등 여러 나라에서 여전히 숭배받고 있다. 1973년 명상 중 숨을 거둔 79세의 불교 승려 루앙 포 댕의 유해가 현재 태국 코사무이의 왓 쿠나람 사원에 전시되어 있다. 그는 숨을 거두기 전 마지막 7일 동안 먹고 마시는 것을 중단했는데, 이는 그가 모든 세속적인 욕망을 거부함으로써 최고의 깨달음에 도달했다는 신호였다. 야마가타현의 미라 승려들처럼 이 의식이 그의 몸을 탈수시켰고, 그 결과 자연스럽게 미라화된 시신이 탄생한 것이다. 오늘날 그는 낙원 같은 코사무이섬의 유리 케이스 안에 평화롭게 앉아 있다. 다만 선글라스가 그의 움푹 꺼진 눈구멍을 가리고 있다.[200]

PART 4 보존

미국에서 방부 처리가 유행이 된 까닭은?

미국에서는 누군가 죽으면, 어떤 처리 방식을 선택하느냐와 관계없이 방부 처리를 당연한 일로 여긴다. 사실, 미국은 시신 방부 처리가 일반적인 관행으로 자리 잡은 몇 안 되는 나라 중 하나다.[201] 제시카 미트포드는 1963년에 출간한 『미국식 죽음의 방식(The American Way of Death)』이라는 획기적인 책에서 미국의 현대 장례 시스템을 공급하는 약탈적인 산업 세력에 대해 통렬한 비판을 던진다. 이 책에서 그녀는 장의사들이 방부 처리가 더 전통적이고, 더 위생적이며, 필수적이라는 기만적인 주장을 했다며 강력히 비난한다.[202] 하지만 미국의 방부 처리 열풍은 갑자기 생긴 게 아니다. 미국에서 어떻게 방부 처리가 그렇게 널리 퍼지게 되었는지 이해하려면 미국 남북전쟁까지 거슬러 올라가야 한다.

그 이전까지 대부분의 미국인들은 편안하게 자택에서 가족에게 둘러싸여 임종을 맞으며 신과 화해하는 과정을 밟았다. 사망한 후 48시간 내에 시신을 씻고, 수의를 입히고, 조문객을 위해 잠시 전시한 후, 최종 안치 절차를 위해 묘지로 운반되었다. 그러나 남북전쟁을 겪으면서 이러한 평온한 과정이 사실상 불가능해졌고, 미국의 임종 방식은 다시는 예전과 같을 수 없었다. 남북전쟁은 1865년 끝날 때까지 60만 명이 넘게 목숨을 잃는 미국 역사상 가장 피비린내 나는 전쟁으로 기록되었다. 많은 병사들이 고향에서 멀리 떨어진 곳에서 어떤 장례 의식도 없이 급하게 매장되어 이름 없는 무덤에 묻혔다.[203]

그런데 이 모든 것은 1861년, 남북전쟁 최초의 북군 전사자로 알려진 엘머 엘스워스 대령이 죽으면서 바뀌었다. 그는 버지니아의 한 호텔 옥상에서 남군의 기를 철거하려다 총에 맞아 사망했다. 언론은 그의 죽음에 대한 모든 세부 사항, 특히 놀라울 정도로 생생하게 살아 있는 것처럼 보이는 안치된 시신의 모습까지 집중 보도했다. 그의 시신은 미국 방부 처리의 아버지로 알려진 토마스 홈즈에 의해 방부 처리되었다.[204] 당시 방부 처리는 의과대학에서 시신을 보존하기 위한 목적에 국한되어 있었다. 하지만 전쟁에서 사망한 병사의 유족들이 사망한 병사의 행방(그리고 고통받는 영혼의 의심쩍은 상태)에 대해 점점 더 우려하게 되면서 전쟁 사망자의 시신을 집으로 보낼 새로운 방법을 찾기 시작했다. 그러나 밀폐된 관과 얼음만으로는 긴 기차 여행 동안의 부패를 막는 데 한계가 있었기 때문에 방부 처리사에 대한 수요는 계속 증가했다.[205]

수많은 프리랜서 방부 처리사들이 이러한 부름에 응했지만, 이들의 전문성과 성공 능력은 천차만별이었다. 어떤 이들은 동의도 받지 않고 시신을 방부 처리했고, 또 어떤 이들은 전투가 벌어지는 동안 전쟁터를 살펴보는 일에 관심이 있었다.[206] 에이브러햄 링컨도 암살 후 방부 처리되었는데, 그의 국장이 진행되는 동안 수천 명의 미국인들이 그의 방부 처리가 잘되었음을 목격할 수 있었다. 그는 마치 총에 맞은 게 아니라 그저 잠든 것같이 보였기 때문이다.[207] 슬픔에 잠긴 미국 국민들에게, 한때 신과 성인의 영역으로만 생각했던 시신 보존이 마침내 산업과 과학의 영역으로 넘어가는 순간이었다.

전쟁이 끝나면서 방부 처리 업계는 본격적으로 활기를 띠며 바쁘게 움직였다. 이후 몇 년 동안 장의사들은 사람이 사망하면 방부 처리를 하는 것이 당연하다는 생각을 널리 퍼뜨렸다. 멀리 사는 친척들과 조문객들에게 죽은 자에 대한 마지막 경의를 표할 기회를 주기 위해서는 시신을 오랫동안 보관해야 한다는 것이 그 명분이었다. 이에 따라 오늘날 방부 관행이 미국 전역에 널리 퍼져 있지만, 방부를 반대하는 사람들이 없는 것은 아니다.

PART 4 보존

나중까지 보존하려면
시신을 방부 처리하는 방법

1 방부 준비실로 입실

사망 후, 시신이 수습되면 들것에 실려 장례식장으로 운반된다. 이때 시신은 유족들이 사용하는 입구와는 별도의 입구를 통해 방부 준비실로 들어온다. 모든 방부 처리는 환기가 잘되는 준비실에서 진행되며, 이 준비실은 방부 처리 과정에서 발생하는 유독 가스가 배출될 수 있도록 설계되어 있다.

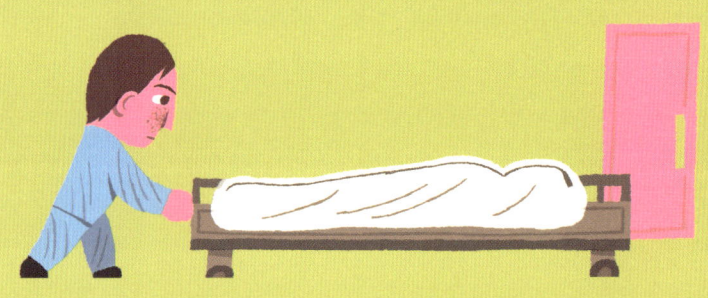

2 초기 평가

장의사(혈액, 병원균, 그리고 독성 알데히드가 들어 있는 방부 처리액에 노출되지 않기 위해 완전한 보호 장비를 착용한다)는 시신을 살펴보고 필요한 조치를 취한다. 장의사가 해야 할 주요 일들은 다음과 같다. (1) 소독, (2) 보존, (3) 복원. 여기에는 이미 부패된 부위를 감추는 일부터 손상된 신체 부위를 재건하는 것까지 모든 것이 포함될 수 있다.

3 얼굴 특징 설정

코와 귀 등 얼굴의 여러 부위를 면봉으로 깨끗이 닦은 후, 눈꺼풀 뒤에 안구캡을 씌워 눈 밑으로 꺼진 안구를 가리고 장례식에서 눈이 다시 떠지는 불상사가 일어나지 않도록 한다. 입 성형기를 사용해 입 모양을 만든 다음, 바늘 주입기를 사용해 위턱과 아래턱에 철사를 꿰어 봉합한다.

④ 동맥 방부 처리

다음으로, 방부 처리 기계를 사용해 시신에 방부제를 채운다. 하지만 그 전에 먼저 동맥을 찾아야 한다. 방부액을 주입하는 가장 일반적인 지점은 목의 경동맥이지만, 다리의 큰 대퇴동맥도 좋은 대안이 될 수 있다. 경우에 따라 조직 확산기, 동맥류 후크, 배출관 등과 같은 재미있는 이름의 도구를 사용해 시신의 내부를 파헤치며 동맥을 찾기도 한다. 방부액을 주입할 적절한 동맥을 찾으면 작은 금속관을 삽입하고, 포름알데히드와 알코올이 혼합된 용액을 주입한다. 이 중 일부는 부패를 예방하는 데 도움이 되고, 나머지는 시신의 볼륨감과 홍조감을 보충하는 데 도움이 된다.[208]

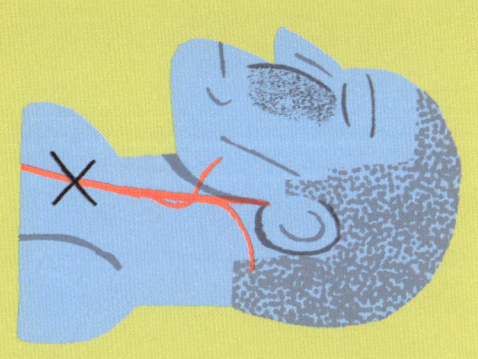

니들 스프레더 배출관 동맥류 후크 조직 확산기 투관침

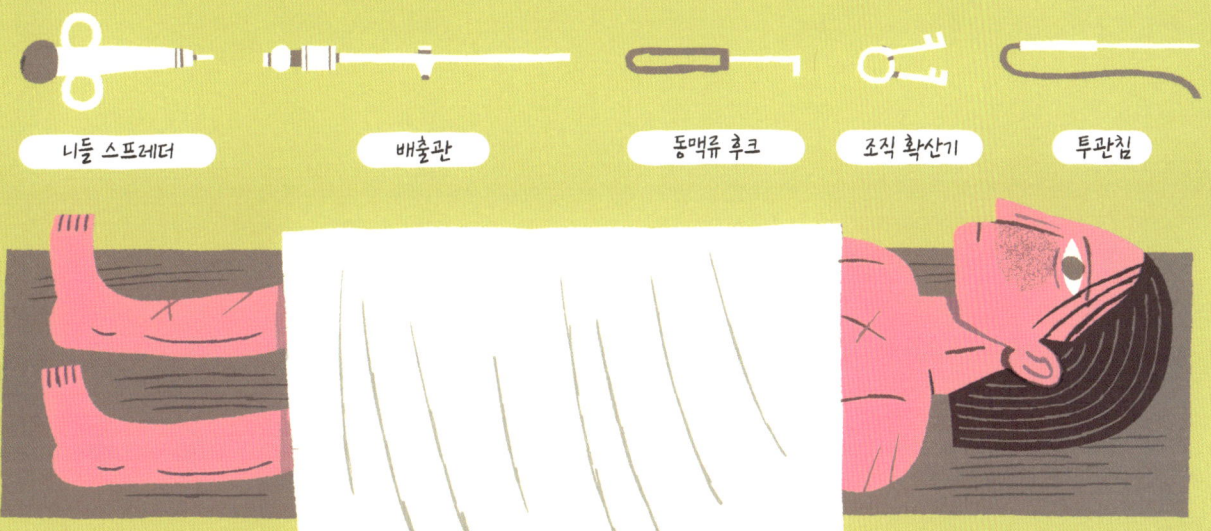

⑤ 빈 공간 방부 처리

'트로카'라는 길고 날카로운 투관침을 사용해 장기를 뚫어 내부의 가스와 액체를 빼내고 방부액으로 채운다. 이렇게 함으로써 손실된 볼륨감을 회복시키고 내부에 깊이 숨어 있던 세균 덩어리를 살균시킨다.

⑥ 마무리

화장(메이크업. 부패 또는 손상 정도에 따라 다양한 풀, 반창고, 왁스를 사용한다)을 시키고 머리카락을 정돈한 후, 마지막으로 옷을 입힌다. 옷은 유족이 제공하는 경우도 있고, 그렇지 않은 경우도 있다. 모든 것이 마무리되면 시신을 관에 안치하고 장례식장이나 묘지로 운반한다.

그리운 사람

Very Dead

죽은 이를 기억하는 방법

"언젠가, 어쩌면 40년 후에는 나를 아는 사람이 아무도 남지 않을 것이다…
누가 나를 아는 마지막 사람이 될 것인가?"[1]
- 정신과 의사 어빈 D. 얄롬

PART 1
추모식

애도 의식의 진정한 의미

어떤 문화권에서는 죽은 사람을 잊기 위해서는 죽은 이의 삶을 떠올리게 하는 모든 것들을 완전히 파괴해야 한다고 생각하지만(앞서 언급한 와리족처럼 고인과 관련된 모든 것을 불태워 없애는 것이 관습인 문화도 있지만), 그렇다고 슬픔을 극복하는 것은 말처럼 쉬운 일이 아니다. 사랑하는 사람의 시신이 1.2m 깊이의 흙 아래에 묻히거나 아름다운 도자기 항아리에 깔끔하게 담겨 보존된다 해도, 그 사람에 대한 생각이 사라지는 것은 아니다. 사랑은 오래도록 기억에 남기 때문에 슬픔도 오래 남을 수밖에 없다. 오늘날 많은 장례 의식이 시신의 마지막 정리가 끝난 후에도 오랫동안 이어지고 있는 이유다. 죽음의 문화에 대한 어떤 논의도, 우리가 사랑하는 고인을 애도하고 추모하는 방식에 대한 이야기 없이는 끝날 수 없다.

따라서 거의 모든 문화권에서는 어떤 방식으로든 애도 의식을 행하면서 우리 모두에게 슬픔을 표현하고 (희망 사항이지만) 어느 정도 스스로를 정화하고 마무리할 수 있는 기회를 마련한다. 이런 애도 의식은 사랑하는 사람이 죽은 후 며칠, 몇 주, 심지어 몇 년이 지나도 행해지는데, 대개는 반복되는 경우가 많다. 사적인 애도 의식부터 국가 장례식, 그리고 문화권 전체 또는 국가 전체가 참여하는 기념일에 이르기까지, 다양한 사람들이 이 의식에

참여한다. 이런 개인적인 추모 행사나 특별한 의식, 심지어 죽음의 축제 등을 통해, 죽은 자는 산 자의 기억 속에서 여전히 그 삶을 이어간다.

그렇다면 왜 많은 사람들이 수년이 지난 후까지 그렇게 반복적으로 죽은 자를 다시 기억하고 싶어 하는 것일까? 이런 애도 의식의 대부분은 표면적으로는 죽은 자에 대한 연민의 표시라고 할 수 있다. 이 의식에서 우리는 죽은 자에게 음식을 바치고, 가장 좋아하는 장난감과 꽃, 담배 등을 남기고, 때로는 시신을 파헤쳐 옷을 입히기도 한다. 이렇게 하는 이유는 죽은 자가 어디에 있든 편안한 내세를 누리게 하기 위한 것이다. 때로는 보복에 대한 두려움 때문, 그러니까 이런 애도 의식을 행하지 않으면 조상이나 신의 분노를 불러일으킬 것이라고 믿기 때문일 수도 있다. 또 이런 행위는 죽은 이가 아직 살아 있던 시절의 일상을 연장하는 역할을 하기도 한다. 이렇게 함으로써 존재에서 부재로의 갑작스러운 전환이 훨씬 덜 고통스럽게 느껴지기 때문이다. 예를 들어, 조상을 적극적으로 숭배하고 공경하는 문화권에서는 이런 '의식을 통해 기억하는 삶'과 그의 '실제 삶'을 구분하는 경계가 거의 느껴지지 않을 수 있다. 죽음도 삶의 일부라고 생각하는 전통적 사고의 안정성, 구조, 예측 가능성이 우리가 험난하고 혼란스러운 슬픔의 물결을 조금씩 헤쳐나가는 데 도움을 준다. 우리가 아는 사람이든 모르는 사람이든, 죽은 이들을 기리는 축제와 기념일을 통해 온 공동체가 함께 모여 공동 추모를 하기도 한다. 이런 추모 행위는 우리를 공통된 정체성으로 묶어줄 뿐만 아니라 더 높은 목적으로 연결해주는 역할을 한다. 따라서 이런 의식(또는 축제)이 항상 특별히 침울한 것은 아니다. 추모 의식은 단순히 죽음을 이해하는 데 도움을 줄 뿐만 아니라 삶을 기념하는 의미도 있음을 명확하게 보여주는 의식이다.

그러나 뭐니 뭐니 해도 추모 의식의 가장 중요한 기능은 이것이리라. 바로 다른 사람들이 우리에게 해주기 바라는 것을 우리가 또 다른 사람들을 위해 행한다는 것이다. 언젠가 우리 자신도 살아남은 사람들의 기억 속에만 남게 될 것이므로, 이러한 의식을 통해 우리가 필연적인 최후를 맞이한 후 어떤 일이 벌어질지 미리 맛볼 수 있다. 다시 말해, 좋든 싫든 언젠가는 먼저 죽은 이들과 함께할 수 있기 때문에 우리는 죽은 자를 우리 마음속에 살려두는 것이다.

슬픔의 극장

대부분의 문화권에서 사람들은 죽은 이를 찾아가 마지막으로 작별 인사를 하는 어떤 의식을 치른다. 이 의식은 대개 장례식이나 추모식의 형태를 띠는데, 시신의 처리 방식과 관계없이 시신을 최종적으로 매장하기 전이나 매장과 동시에 거행된다.

우리가 슬픔을 표현하는 방식이 본능적인 것이라고 생각할 수 있지만, 공개적 또는 반공개적 행사에서 우리가 애도하는 방식은 이제까지 자라면서 접한 여러 문화적 규범에 따라 결정될 때가 많다. 그런 암묵적인 사회적 규칙이 우리가 그런 의식에서 어떻게 옷을 입고 행동해야 하는지를 규정하므로 장례식이나 추모 의식도 문화마다 매우 다르게 느껴질 수 있다. 예를 들어, 나이지리아 사람이 미국에서 노인의 장례식에 처음 참석한다면, 대체로 엄숙한 분위기에 불편함을 느낄 수 있다. 나이지리아에서는 노인의 죽음을 충만한 삶의 마무리로 여기기에 장례식이 가볍고 축하하는 분위기이기 때문이다. 반면 죽은 아이의 장례식일 경우, 부모의 잘못이 참을 수 없을 정도로 너무 크다고 생각해서 부모들은 장례식에 거의 참석하지 않는다.[2] 또 장례식에서 대성통곡하는 것이 어떤 지역에서는 당연하지만, 다른 지역에서는 혐오스럽게 여겨질 수 있다. 또 역사적으로 보면 그리스, 이집트, 중국, 인도와 같은 곳에서는 전문적인 조문객을 고용하

는데, 이들은 장례 행렬을 이루어 고인의 뒤를 따라가며 추모하고, 통곡하고, 머리카락을 뜯거나 가슴을 치기도 한다. 또 호화롭고 잘 계획된 장례식을 서행함으로써 상례식을 일종의 공연적 의식으로 여기는 문화권도 있다. 중국에서는 부모의 장례식을 치르는 경우, 부모에 대한 자부심, 존경, 그리고 효심을 겉으로 드러내는 것을 당연하게 생각한다.[3]

공식적인 장례식의 경우 복장과 예절에 대해 더 엄격한 기준이 적용되는데, 아마도 국가가 개최하는 장례식보다 더 격식을 갖

추는 장례식은 없을 것이다.[4] 특히 대통령이나 군주에 대한 공적 및 국가 장례식은 며칠에 걸쳐 거창하게 진행되는 경우도 많다. 장례식의 장소도 천차만별이다. 미국에서 지금까지 대통령의 국가 장례식은 대통령이 거주했던 주, 대통령이 근무했던 워싱턴DC, 또는 대통령이 안장되는 주에서 치러져왔다.[5] 또한 대통령의 유해를 안치소로 옮기는 행렬에도 많은 사람들이 참석하는데, 이는 마치 성스러운 성유물함이 안치될 교회까지 거리를 따라 행진하는 장엄한 모습을 방불케 한다. 윈스턴 처칠의 장례식에서는 무려 32만 1,000명이 넘는 조문객을 맞이했고, 3억 5,000만 명이 넘는 사람들이 텔레비전으로 그의 장례식을 시청했다.[6]

미국의 경우, 일반적으로 연방 정부의 주요 인물, 국가적으로 중요한 일을 한 저명한 민간인, 그리고 전·현직 대통령에게는 국장이 치러지는데, 이때 국기도 여러 절차에 따라 사용되며 중요한 역할을 한다. 국장에서 성조기는 조기로 게양되어 국가적 애도 기간을 나타낸다. 또 대통령과 군인의 관 위에는 국기가 드리워지는데, 이는 21발의 예포(경의·환영·조의 등을 표하기 위해 공포탄을 발사하는 의전 절차를 '예포'라 하며, 예포 21발은 의전상 가장 높은 예우로 여겨진다-옮긴이)와 함께 고인에게 수여되는 군사적 예우의 일부다. 특히 존 F. 케네디 대통령의 장례식은 '사회적으로 가장 큰 필요성이 있었던 장례 행사'로 묘사되곤 하는데, 이는 한 국가를 대표하는 인물이 갑작스럽게 폭력적으로 암살당했기 때문에 분열된 국가를 재통합하기 위해서는 그만큼 극적인 장례 의식이 필요하다고 보았기 때문이다. 그런 의미에서 케네디의 장례식은 4일간 진행되었는데, 조지프 캠벨은 이 장례식을 '전쟁이 아닌 평시에, 국가 공동체의 일원으로서 모두 하나가 되어 이처럼 중요한 의식에 참여한다는 느낌을 준, 최초이자 유일한 경험'이었다고 묘사했다.[7]

PART 1 추모식

슬픔을 나타내는 복장

사랑하는 이를 잃은 사람이 장례식이나 애도 기간에 참여하는 경우, 그가 입는 옷을 통해 슬픔이 표현되기 마련이다. 사회적 변화를 나타내는 모든 의식이 그렇듯이, 죽음은 슬픔과 엄숙함을 외적으로 드러내는 중요한 사건으로 인식된다. 따라서 많은 문화권에서 특정한 색깔과 옷에 상징적인 의미가 부여되어 있으며, 애도를 표현하는 옷은 일상생활에서 입는 옷과는 확연히 구별되는 경우가 많다. 애도 의식에서 유족(상주)이 입는 옷은 두 가지 기능을 한다. 하나는 고인에 대한 존경의 표시이고, 다른 하나는 유족이 최근에 상실을 겪었음을 다른 사람들에게 알리는 신호로서의 역할이다. 특정 문화권에서 유족의 복장은 유족이 사회적 격리의 시기에 접어들었음을 의미할 수도 있다.[8]

일반적으로 어떤 종류의 옷을 입어야 하는지, 그리고 얼마나 오랫동안 그 옷을 입어야 하는지는 각 문화권의 고유한 예의범절에 따라 결정된다. 이런 예의범절은 성별, 고인과의 관계, 그리고 사회 계층에 따라 달라지는 경우가 많다. 그러나 최근 들어 애도 관습의 차이는 크게 완화된 것으로 보인다. 세계가 점점 더 상호 연결됨에 따라 서양식 정장과 검은색 옷이 여러 국가에서 보편화되었다. 심지어 전통적으로 검은색이 아닌 흰색 계통의 애도 복장을 입었던 국가들도 이를 따르고 있다.

호주

호주 원주민들은 중요한 씨족 구성원이나 사랑하는 사람의 죽음을 애도할 때 최대 6개월 동안 '코피'라고 알려진 석고 모자를 착용했다. 유족들은 머리를 깎고 드러난 두피 위에 그물을 한 겹 댄 후, 그 위에 이 석고 모자를 한 겹씩 씌웠다. 겹이 많을수록 슬픔이 더 크다는 것을 나타내는데, 모자가 완성되면 두께는 2.5~5cm 정도, 무게는 2kg 정도 되었다. 모자의 색상은 거의 항상 흰색인데, 이는 호주 원주민 문화에서 흰색이 애도를 나타내는 색이기 때문이다. 시신을 묘지로 안치할 때가 되면 석고 모자를 벗어 고인의 무덤에 남겨두었다.[9]

영국

중세 시대에 이르러 검은색이 유럽의 많은 지역에서 세련되면서도 음울한 색으로 인식되면서 죽음과 연관되기 시작했고, 빅토리아 시대에 와서 확고하게 자리를 잡았다. 빅토리아 시대는 애도에 관한 사회적 규범이 엄격하기로 유명했는데, 여기에는 빅토리아 여왕의 영향이 절대적으로 작용했다. 이 시대의 사회 규범은 애도 기간(남편을 잃은 아내의 경우 1년 1일, 부모를 잃은 자식의 경우 6~12개월)부터 여성이 입을 수 있는 복장(깊은 애도일 때는 검은색 드레스·베일·장갑·신발·장식 없는 단순한 모자, 가벼운 애도일 때는 라일락색·보라색·회색)까지 모든 것을 규정했다.[10]

가나

가나의 장례식은 보통 일주일 동안 진행되며 수백 명이 참석한다. 결혼식만큼이나 많은 비용이 들기도 한다. 또 옷을 제대로 차려입지 않고 장례식에 참석하는 것을 매우 부적절한 행위로 간주한다. 가까운 친척의 경우 전통적으로 뻘간색 옷을 입으며, 먼 친척을 포함한 그 외의 애도에는 대개 검은색 옷을 입는다. 장수한 노인이 수명을 다한 경우에는 잘 살았던 삶을 기리기 위해 흰색 옷을 입는다.[11]

한국

한국처럼 유교의 영향을 받은 문화권에서는 고인과의 친족 관계에 따라 전통적인 상복이 달라지는 경우가 많다. 조선 시대에는 유족들이 '오복'이라고 불리는 다섯 가지 종류의 장례복을 입었다. 오복은 삼베의 품질에 따라 분류되었으며, 상주가 가장 거친 오복을 입었다.[12] 가까운 친척들도 3개월에서 3년 동안 오복을 입었다. 오늘날 한국의 장례식은 3일 동안 진행되며, 흰색 오복은 대부분 검은색 상복으로 대체되었다. 상복은 애도 기간 중 입는, 오복과는 또 다른 종류의 옷으로, 남성은 정장, 여성은 한복으로 구성되어 있다.

성묘

전 세계적으로 행해지는 일반적인 의례 중 하나는 죽은 자의 무덤을 끊임없이 다시 찾는 것이다. 특히 국가 기념일이나 생일, 연례행사 같은 특별한 날에 무덤을 찾는다. 무덤을 찾는 이들은 매번 올 때마다 특별한 상징적 의미를 지닌 물건인 제물을 바치는 일을 의미 있게 여긴다.

양초

양초는 고대 로마인부터 오늘날 힌두교도에 이르기까지 수많은 사람들의 애도 의식에서 중요한 역할을 해왔다. 이는 다양한 문화권의 사람들이 불을 의식 행위의 중요한 요소로 신성하게 여기고 있음을 보여주는 또 다른 증거다. 기독교에서는 불타는 양초를 빛의 아버지로서 신의 거룩한 존재와 연관 짓고 있고, 고대 마케도니아인들도 유령이나 다른 악령이 죽은 자의 영혼에 침투하지 못하게 하기 위해 양초를 켰다. 불이 켜진 양초가 고인의 기억이 여전히 밝게 타오른다는 것을 알려준다고 생각하는 사람들도 있고, 양초의 깜빡이는 불꽃이 이 세상에서 우리가 보내는 시간의 덧없음을 상징한다고 여기는 사람들도 있다.

술(및 기타 액체)

'헌주'는 술을 따르는 의식을 의미한다. 헌주 역시 다양한 문화권에서 볼 수 있지만, 가장 밀접한 관련이 있는 것은 고대 그리스인들일 것이다. 그들은 제사 의식부터 연회, 사업 회의에 이르기까지 다양한 행사에서 자유롭게 헌주를 했는데, 대개 물, 와인, 우유, 기름, 꿀 등을 사용했다. 헌주의 본래 상징적 기능을 정확히 알 수는 없지만, 산 자에게는 정화의 행위, 죽은 자에게는 영양 공급의 행위로 이해되었던 것 같다.[13]

돌 쌓기

어떤 법이나 경전에도 명시되어 있지는 않지만, 무덤에 돌을 쌓아놓는 고대 유대인의 관습은 수 세기 동안 행해져왔다. 이에 대해 다양한 설이 있지만 유목민 생활에서 유래했을 것이라고 추정할 뿐이다. 당시 많은 유대인들이 건조한 지역의 얕은 무덤에 묻혔기 때문에 돌의 무게로 시신을 눌렀을 것이다. 제1성전 시대(기원전 1200~586년)에는 유대인 제사장들이 시신에 1.2m 이내로 접근해 의식적으로 부정해지는 것을 막기 위해 무덤을 돌로 덮었다.[14] 어쨌든 돌은 꽃과 달리 썩지 않기 때문에 영원한 기억의 표식으로 여겨졌다.

'투표했어요' 스티커

사랑받는 여성 참정권 운동가 수잔 B. 앤서니의 묘비에는 2014년부터 선거 주기마다 사람들이 몰려와 '투표했어요' 스티커를 부착한다. 그녀가 사망한 지 100년이 넘은 지금도 이런 행동은 계속되고 있다. 현재는 묘비가 스티커 접착제로 손상되는 것을 우려해 비석에 플라스틱 덮개가 씌워져 있지만, 그녀의 유산을 기리고자 하는 많은 여성들은 여전히 그녀의 묘지를 중요한 순례지로 생각하고 있다.[15] 앤서니의 무덤이 있는 뉴욕주 로체스터의 마운트 호프 묘지는 저명한 인물들이 남긴 업적을 기리는 제물 용품이 많기로 유명한 무덤 중 하나다. 파리의 순회 발레단 '발레 뤼스'의 설립자 세르게이 디아길레프의 묘에는 많은 발레 슈즈가 놓여 있고, 아동 문학 작가 로알드 달의 무덤에는 수시로 복숭아와 초콜릿이 놓인다.

동전

죽은 자에게 동전을 바치는 관습은 죽은 자들이 저승에 있는 스틱스강을 건너려면 뱃삯을 내야 한다는 고대 그리스의 믿음과 가장 밀접한 관련이 있다. 최근에는 베트남전쟁에서 희생된 미군 병사들의 무덤에 동전을 놓아두는 것이 유행이었는데, 이는 전쟁 자체의 윤리성에 대한 정치적 논의를 촉발하지 않으면서도 죽은 자를 기리는 세심하고 강력한 방법의 일환으로 여겨졌기 때문이다. 심지어 동전의 종류에 따라 의미도 달랐다. 1페니 동전을 남기는 것은 단순히 조의를 표하기 위해 들렀다는 것을 의미했고, 5센트 동전은 고인과 함께 교육을 받았다는 것을 의미했으며, 10센트 동전은 고인과 함께 복무했다는 것을, 25센트 동전은 고인의 죽음을 직접 목격했다는 것을 의미했다.[16]

무덤에 바치는 꽃들

꽃말

무덤을 찾을 때 가장 많이 사용되는 봉헌 제물은 아마도 꽃일 것이다. 꽃은 수천 년 동안 여러 문화권에서 광범위한 의미를 지녀왔다. 인생의 모든 중요한 순간(출생, 첫사랑, 각종 병문안 등)은 꽃을 주는 일과 자주 연결된다. 꽃은 우아함, 아름다움, 덧없음 등 여러 다른 의미를 상징한다. 물론 죽음도 꽃이 상징하는 의미 중 하나다.

붉은 양귀비: 붉은 양귀비는 존 맥크레이의 전쟁 시 「플랑드르 벌판에서」로 세상에 널리 알려졌다. 맥크레이는 제1차 세계 대전 시 전쟁터 병사들의 무덤가에 활짝 핀 이 꽃을 노래했다. 미국, 영국, 그리고 영연방 국가들에서는 현충일(미국에서는 재향군인의 날)에 자주 이 꽃을 바쳐 전몰장병들을 기린다.[17]

흰 국화: 순수함, 장수, 애도를 상징하는 흰 국화는 유럽과 아시아 일부 지역(특히 한국, 중국, 일본)에서 장례식에 자주 볼 수 있는 꽃이다.[18]

흰 백합: 이 향기로운 꽃은 초기 기독교에서 순수함과 미덕을 상징했으며, 성모 마리아가 승천하신 후 그녀의 무덤이 흰 백합으로 뒤덮였다고 전해진다.[19]

제비꽃: 제비꽃은 수명이 짧기 때문에 고대 그리스와 로마에서 죽은 자를 기리는 데 많이 사용되었으며, 셰익스피어 희곡에서도 불시의 죽음을 상징하는 꽃으로 여러 번 등장한다.[20]

금잔화: 강렬한 향기와 생기가 넘치는 꽃으로 사랑받는 금잔화는 멕시코의 '죽은 자의 날' 축제 때 오프렌다(제단에 올려지는 제물-옮긴이)로 흔히 사용되며, 죽은 자의 영혼을 고향으로 인도한다는 의미로 이 꽃을 바친다고 한다.[21] 약 350년 전 스페인과 포르투갈 상인들이 금잔화를 인도로 가져온 이후에는, 인도의 화장터와 결혼식 같은 축제 행사에서도 흔히 볼 수 있게 되었다.[22]

127

나를 잊지 말아요

빅토리아 시대 영국은 유달리 죽음이 횡행한 시대였다. 특히 1837년에서 1901년 사이는 비극과 질병으로 가득 찬 시기였다. 티푸스, 콜레라, 디프테리아 같은 전염병이 전국을 휩쓸었고 유아 사망률은 급증했기 때문에 전국 곳곳에 애도가 끊일 날이 없어 슬픔이 일상이 되었다. 이 시기에 빅토리아 여왕도 1861년 남편 앨버트 공의 사망으로 깊은 슬픔에 빠졌는데, 그녀의 애도는 그녀 자신이 세상을 떠날 때까지 계속되었다. 그녀는 사망할 때까지 40년 동안 매일 검은 옷을 입었다. 여왕이 서거하면서 애도에 대한 관습이 체계적으로 형성되고 조절되었는데, 사람들이 입어야 할 옷의 종류와 애도 기간을 자세히 설명한 지침서까지 나오면서 이 관습이 빅토리아 시대 주부들 사이에서 널리 퍼지는 계기가 되었다. 이에 따라 다른 일반인들의 장례 의식에서도 보다 사적인 슬픔의 표현이 허용되었고, 가족 구성원들이 죽은 사람의 머리카락을 작은 병, 로켓(사진 등을 넣어 목걸이에 다는 작은 갑-옮긴이), 그 외 다른 장신구에 기념품으로 보관하는 관습도 생겨났다.

머리카락으로 만든 장신구는 썩지도 않을 뿐 아니라 머리카락 주인과의 유대감을 잊지 않게 해준다는 소중한 의미로 받아들여지면서 19세기 중반에 큰 인기를 끌었다. 여러 세대에 걸쳐 가족의 머리카락을 모아 만든 장신구를 소중한 가보로 물려주기도 했고, 친구나 연인 사이에서 상대방의 머리카락으로 만든 장신구가 사려 깊은 선물로 교환되기도 했다.[23] 머리카락이 특정 인물을 대신할 수 있다는 생각은 중세 성스러운 성유물함에서 유래했을 가능성이 있다.[24] 그런 신성한 유물함처럼 머리카락이 추모의 상징이 되어 머리카락 장신구를 착용한 사람과 머리카락 주인(고인) 사이의 개인적인 친교를 가능하게 해준다고 생각한 것이다. 어쩌면 오래도록 변하지 않는 머리카락의 특성에서 깊은 위안을 얻는 것인지도 모른다. 죽은 사람의 피부는 금방 그 색을 잃어버리고, 살은 부풀어 오르고 썩지만, 머리카락은 시간이 흘러도 변하지 않는다.

머리카락에 죽음을 견뎌내거나 기념하는 힘을 부여하는 관습은 다른 문화권에서도 발견된다. 많은 아메리카 원주민 부족들도 영혼이 머리카락에 깃든다는 믿음을 공통적으로 갖고 있다. 라코타족은 전통적으로 죽은 사람의 머리카락을 잘라 정화시킨 후 사슴 가죽으로 싸서 '영혼의 묶음'이라는 것을 만든다. 이 머리카락 주머니는 보통 1년 정도 지속되는 애도 기간 동안 실내에 보관되었다가 주머니에서 꺼내 공중으로 날리면 죽은 자의 영혼이 해방된다고 믿는다.[25] 많은 아메리카 원주민 사회에서 머리카락은 매우 신성한 의미를 갖고 있기 때문에, 오늘날에도 자라나는 영혼을 해칠까봐 자녀의 머리카락을 자르지 않는 원주민 부족들이 남아 있다.[26]

멈춰진 삶

빅토리아 시대 영국에는 또 다른 전통, 즉 '사후 사진'이 있다. 사진이 쉽게 접할 수 있는 기술이 되어 저렴해지면서, 많은 가족들이 죽음과 부패가 고인을 영원히 빼앗아 가기 전에 사랑하는 사람의 스냅사진을 만들어 가장 강력한 유품으로 삼기 시작했다.

사진을 생생하게 만들기 위해 많은 노력이 동원되었다. 살아 있는 가족들이 시신과 함께 사진을 찍었고, 죽은 사람이 어린아이일 경우 잠든 것처럼 포즈를 취하기도 했다. 시신 옆에 꽃이나 좋아하는 인형, 장난감, 봉제 동물 등을 놓고 사진을 찍기도 했다. 보다 환상적인 효과를 더하기 위해 죽은 사람의 볼과 입술에 화장을 하기도 했고, 감은 눈꺼풀에 색을 칠하기도 했는데, 물론 그 모습이 얼마나 보기 좋았는지는 각자의 판단일 것이다.

죽은 자와 춤을

마다가스카르에서는 5~7년마다 '뼈를 뒤집는 의식'을 뜻하는 '파마디하나'를 치르며 조상의 무덤을 열어 파헤친다. 다른 많은 공동체와 마찬가지로 마다가스카르인들도 죽은 자가 신과 산 자 사이의 중재자로서 신비한 힘을 가지고 있다고 믿는다.

역사가 안드리아나 마헤리에 따르면, 이 의식은 조상이 가족 중 연장자의 꿈에 나타나 추우니 새 옷이 필요하다고 말하는 것으로 시작된다. 그러면 가족들은 '옴비아시'라고 부르는 점성술사에게 무덤을 열고 닫기에 가장 좋은 날을 결정해달라고 요청한다.[27] 이 의식이 진행되는 동안, 원근 각지의 친척들이 가족 납골당으로 가서 부패한 시신을 파내고, 시신에 와인이나 향수를 뿌린 후 산 자들도 두르는 직사각형 숄인 '람바'라는 새 비단 수의를 입힌다. 시신을 파내는 것이 으스스하게 들릴지 모르지만 이 의식은 축하의 의미를 지닌다. 밴드가 라이브 음악을 연주하는 가운데 가족들은 고인의 유골을 안고 춤을 춘다. 춤을 추는 행위가 어떤 사람들에게는 고인에게 가족의 새로운 소식을 전하고 축복을 비는 기회가 되기도 하고, 또 어떤 사람들에게는 고인을 기억하며 고인에 대한 이야기를 나누는 기회가 되기도 한다. 어느 쪽이든, 이 의식은 즐거운 행사로 여겨지기 때문에 사람들은 춤을 추고 이야기를 나누고 술을 마시며 즐거운 시간을 보낸다. 눈물을 흘리는 사람은 거의 찾아볼 수 없다. 이 의식은 해가 지기 직전에 끝나고, 시신은 술과 음식과 함께 머리부터 다시 안치되는데, 이는 고인이 조상의 세계로 다시 돌아가는 것을 의미한다.[28]

마다가스카르 사람들은 시신이 완전히 부패할 때까지는 영혼이 산 자와 죽은 자의 세계를 주기적으로 오간다고 믿는다.[29] 파마디하나는 이런 오랜 조상 숭배 전통의 연장선이며, 친척들은 자신들이 믿는 종교에 관계없이 이 의식에 참여한다. 참여한 사람들은 무덤을 파고 다시 짓는 적지 않은 비용을 기꺼이 부담한다. 그들에게 이런 의식은 영적으로 매우 중요한 행사일 뿐만 아니라, 가족의 번영과 명예를 상징하기 때문이다. 그들에게 파마디하나는 과거 가족이었던 고인과의 유대감을 유지하고 많은 것을 빚진 조상에게 경의를 표하는 필수적인 의식 행위다.

봄맞이 대청소

조상 숭배에 관한 한 둘째가라면 서러워할 문화권이 바로 중국인(본토 중국인뿐만 아니라 해외 거주 화교들을 포함해서)들이다. 묘지 청소일로 알려진 '청명절'은 음력 춘분이 지난 후 15일 되는 날(대개 4월 초)이다. 이름에서 알 수 있듯이, 이날은 사람들이 죽은 가족의 무덤을 청소하는 날이다. 땅에 묻힌 사람들의 경우, 무덤 주변의 잡초를 제거하고 흙을 깨끗이 고른 후 고인에게 제물을 바친다. 오늘날에는 야외 무덤보다는 납골당에 안치하는 경우가 많은데, 이날이 오면 납골당 역시 청소를 한다.

청명절은 중국을 비롯한 아시아의 여러 지역에서 국가 지정 휴일로 정해져 있다. 이는 부모, 조부모, 조상 등 연장자를 공경하는 유교적 덕목인 '효'의 표현과 관련이 있다. 역사적으로 청명절은 신분을 막론하고 모든 사람들이 조상에게 경의를 표하는 날이다. 이는 감사의 표시일 뿐만 아니라, 자손들에게 불만을 품은 조상의 영적인 응징을 두려워하는 마음에서 나온 관습이기도 하다.

무덤을 청소한 다음에 가족들은 조상에게 향, 음식, 술을 제물로 바친다. 대개 얇게 썬 대나무나 종이를 태우는데, 이는 돈, 옷, 전자제품, 가정용품, 그리고 사후 세계에서 필요하다고 여겨지는 다른 물건들을 대신한다고 여겨진다. 그리고 바친 제물이 이 불의 연기를 통해 영적인 세계로 옮겨진다고 믿는다.[30]

배고픈 유령

죽은 자와 관련이 있는 또 다른 독특한 축제인 '중원절'은 귀신의 달로 알려진 음력 7월 15일(보통 8월에서 9월 초순 사이)에 열린다. 중원절은 '중귀절'이라고도 하는데, 대만, 중국 본토 일부 지역, 그리고 동남아시아 화교들이 기념하는 명절이다. 이날은 저승의 문이 열리고, 그 안에 갇힌 유령들이 이승으로 풀려나 음식과 즐거움을 찾아 세상을 헤매는 날이다. 청명절과 마찬가지로, 사람들은 거리에 세워진 제단에 음식과 향을 바치며, 사찰, 빈터, 또는 거리에 있는 특수 용기나 구덩이에서 다양한 사치품과 생필품을 대신하는 지폐와 기타 종이 인형들을 모닥불에 태운다. 대규모로 이 행사가 치러지는 곳에서는 지옥의 왕인 '대사야(Da Shi Ye)'를 상징하는 큰 종이 인형도 자주 목격된다. 대사야는 실제로는 자비의 여신인 관음이지만, 방황하는 영혼들에게 겁을 주고 그들을 통제하기 위해 이처럼 무서운 형상을 취하고 있는 것이다.[31] 도교 승려들은 이 한 달 동안 죽은 자를 달래기 위한 의식을 거행하는데, 연장자를 공경하는 청명절과 달리 나이와 관계없이 모든 죽은 자를 기리고 보살핀다.

하지만 죽은 자를 이처럼 경건하게 대우하는 데에는 두려움과

함께 많은 미신이 관련되어 있다. 이날은 결혼, 큰 구매, 이사를 하기에는 불길한 시기로 간주되며, 거리 제단에 놓인 제물을 밟거나 발로 차서 죽은 자의 분노를 사지 않도록 각별히 주의를 기울이기도 한다. 사람들은 악령을 만나거나 불러들일까 두려워 붉은 옷을 입거나 어두워진 후에는 외출을 삼가며, 심지어 귀신이 술에 취한 사람을 사로잡아간다고 여겨서 과도한 음주를 피하는 관습도 있다.[32]

죽은 자의 날

멕시코에서는 11월 1일과 2일을 '죽은 자의 날'을 의미하는 '디아 데 로스 무에르토스(작은 천사의 날)'로 섬긴다. 좀 빨리 시작하는 곳에서는 10월 28일부터 이 축제가 시작되는데, 이틀 동안 첫째 날은 세례받지 못하고 죽은 아이들을 기리고, 둘째 날은 사고로 사망한 사람들까지 다양한 사람들을 기린다.[33] 이 기간 동안에는 산 자와 죽은 자의 세계를 구분하는 경계가 완전히 사라져 죽은 자의 영혼이 집으로 돌아온다고 여긴다. 그러나 분위기는 결코 음울하지 않고 오히려 죽음을 기념한다. 집, 상점, 묘지는 화려한 색채와 빛과 음악으로 가득 차고, 인형, 사탕, '판 데 무에르토'라고 불리는 작은 빵 등, 겉으로 드러난 거의 모든 것이 해골과 뼈로 장식된다. 가족, 친구, 동료 들은 산 자를 마치 죽은 자와 같다고 묘사하는 '칼라베라스 리테라리아스(Calaveras literarias)'라는 짧고 재미있는 풍자시를 주고받는다.[34] 가족들이 모여 사랑하는 사람을 기리고 환영할 때에는 막 잘라 온 금잔화와 식민지 이전 시대의 코펄 향이 뒤섞여 강한 냄새를 풍긴다.

이날이 오기 몇 주 전부터 꽃을 심고, 바칠 제물(오프렌다)의 재료를 모으고, 집을 청소한 후 장식을 하는 등, 축제 준비는 일찍부터 시작된다. 축제 첫날은 '디아 데 로스 안젤리토스'라 하여 무덤을 청소하고 제물을 바치는데, 죽은 자녀들이 좋아하는 간식, 사탕, 장난감 등의 제물로 그들의 영혼을 집으로 데려온다. 자정이 지나 두 번째 날에는, 살아 있는 사람들이 고인이 죽은 이후에 일어난 모든 일을 이야기하며 밤을 지새운다. 그러는 동안 죽은 자의 영혼이 이승으로 돌아오면 전날 바쳤던 사탕과 장난감은 아톨레(옥수수 기반 음료)와 술로 대체되고, 무덤은 꽃, 촛불, 향으로 장식된다.

이 축제의 특징은 가톨릭과 토착 전통이 흥미롭게 어우러진다는 점이다. 16세기 스페인이 멕시코를 정복하면서 가톨릭 축제인 대축일(11월 1일)과 위령의 날(11월 2일)이 강제 도입되고 기존의 모든 이교도 의식을 범죄로 규정했지만, 1700년대 중반에 와서는 결국 가톨릭의 성일이 기존의 조상 숭배 의식과 융합되고 말았다.[35] '죽은 자의 날'에서 가장 오래된 상징인 향, 꽃 제물, 해골 들은 멕시코가 스페인의 식민지가 되기 전인 메소아메리카 시대로 거슬러 올라간다. 당시 아즈텍, 마야, 올멕 등의 다신교 문명은 해골 형상의 죽음의 신으로 가득 찬 만신전(Pantheon)을 숭배했다. 그들은 또 죽은 자가 산 자에게 강력한 영향력을 행사할 수 있다는 믿음을 강하게 가지고 있었다. 죽은 자가 산 자를 위해 신을 중재하거나 파괴적인 희생자를 내려보낼 수 있는 능력을 가지고 있다고 믿었기 때문에 죽은 자와 좋은 관계를 유지하는 것이 최선의 선택이었다. 그래서 산 자들은 죽은 자를 달래고 위로했는데, 오늘날 멕시코인들도 이를 본받아 이 축제를 통해 죽은 자를 기리고 음식과 꽃을 선물로 바치는 것이다.[36]

멕시코 시인 옥타비오 파스는, 서양인은 죽음을 떠올리면 몸서리를 치지만, 멕시코인은 "죽음을 자주 마주하고, 허물없이 지내며, 어루만지고, 함께 자고, 즐거워한다. 죽음은 그들이 가장 좋아하는 장난감이자 가장 오랫동안 좋아했던 것 중 하나다"라고 노래했다.[37] 오늘날의 멕시코 문화는 인간의 죽음에 정면으로 맞서고 공개적으로 참여하며 주저하지 않고 공동의 경험으로 삼는 탁월한 사례라고 할 수 있다.

죽은 자가 집에 함께 산다

죽은 자를 산 자의 거처로 다시 맞아들이는 것은 멕시코뿐만이 아니다. 전 세계 여러 지역, 특히 아시아, 아프리카 토착 문화권에서는 여전히 죽은 가족의 영혼을 수시로 불러와 교감하는 조상 숭배라는 관습이 이어져 내려오고 있다. 이들에게 산 자와 죽은 자의 관계는 대개 상호적이다. 산 자들은 죽은 자를 신으로 숭배하며, 때로는 영적 지도자, 천상의 수행자, 행운과 재물을 가져다주는 존재로 여겨 음식을 바치고 기도를 드린다. 죽은 자를 기리는 제단은 종종 기억의 장소, 즉 후손들이 조상과 교류하며 자신의 혈통에 참여함으로써 자신이 조상으로부터 세상에 왔음을 받아들이는 공간의 역할을 한다.

멕시코

멕시코의 죽음의 날 축제의 핵심은 오프렌다, 즉 '제물'을 바치는 제단을 세우는 것이다. 고인의 가족들이 세우는 이 제단은 슬픔과 축하를 함께 나누는 동시에 추모의 장소로서의 역할을 한다. 제단은 대개 하늘, 땅, 지하 세계를 상징하는 세 개의 층으로 구성되어 있지만, 일곱 층으로 구성되는 보다 정교한 제단도 있다.

향기로운 코펄 향부터 톡 쏘는 듯한 금잔화까지, 제단을 장식하는 거의 모든 물건들은 죽은 자를 집으로 불러들이는 역할을 한다. 제단의 물은 죽은 자를 정화시키고 그들의 갈증을 해소하는 역할을 한다. 대부분의 라틴아메리카 의식이 그렇듯이, 이는 종교적 혼합주의의 한 형태다. 스페인 정복 이전 시대의 전통적 관습이 성모 마리아와 십자가에 못 박힌 그녀의 아들이 지켜보는 가운데 거행되고 있는 것이다. 풍족한 음식은 죽은 자의 영혼이 이승으로 돌아오는 긴 여정으로 인해 배가 고플 수 있다는 토착 신앙에서 유래한 전통이다.[38]

1. 장식된 식탁보 또는 세라피(테이블 위를 덮는 것)
2. 가장 높은 곳에는 종교의 상징물이 놓인다.
3. 죽은 자의 사진
4. 양초
5. 코펄 향이 담긴 성배
6. 물컵 또는 물그릇
7. 멕시코 금잔화. '죽은 자의 꽃'으로 불린다.
8. 과자, 과일, '판 데 무에르토'라는 빵, 죽은 자가 좋아했던 음식
9. 설탕으로 만든 두개골, 파펠 피카도(장식용 종이 공예), 칼라카스(해골 인형)

중국

많은 중국인에게 죽은 자는 단지 특별한 명절에 부르는 영혼이 아니다. 이들에게 영혼은, 전통적인 제단 테이블이나 캐비닛부터 작은 집 모양처럼 생긴 제단에 이르기까지 다양한 스타일의 제단에 1년 내내 모셔진다. 가족들은 그곳에서 그들이 선택한 신과 함께 죽은 자를 기린다. 가족들은 대개 신성한 힘의 가치를 기준으로 신을 선택한다. 예를 들어, 관음은 길고 평화로운 삶을 상징하고, 관공(관우)은 강인함과 용기를 상징한다. 그들은 제단의 배치에 세심한 주의를 기울이는데, 밝은 방의 튼튼한 벽에 기대놓는 것을 길조이자 존경을 나타내는 것으로 여긴다. 풍수 원칙에 따라 계단, 침실이나 욕실 문, 또는 긴 복도를 향해 설치해서는 안 된다. 이는 집 안 전체의 에너지 흐름을 방해하지 않도록 하기 위해서다.[39]

중국인들은 죽은 자의 영적 안녕에 대한 관심과 가족에 대한 의무감 때문에 집에 제단을 설치한다.[40] 유교 사상이 지배적인 문화에서, 이러한 제례는 오랫동안 중국 사회에 스며든 위계적이고 경건한 노인 대우 관습의 자연스러운 연장선이라고 할 수 있다.

1. 신상(제단 중앙이나 맨 위층에 배치. 덜 중요한 신상은 양옆에 배치한다.)
2. 백단 향초가 담긴 향로
3. 연등 또는 전기 양초
4. 꽃(대개는 흰 국화를 놓는다.)
5. 효도 등, 가치와 미덕이 적힌 교훈적 문구
6. 고인의 이름이 새겨진 위패
7. 사과, 오렌지, 파인애플 같은 신선한 과일(항상 홀수로 피라미드 형태로 배치한다.)

베냉 왕국

서기 900년경부터 1897년까지 번성했던 서아프리카 베냉 왕국(지금의 나이지리아 남부에 해당한다. 나이지리아와 인접한 국가인 베냉과는 관련이 없다-옮긴이)에서는 거의 모든 사람들의 집에 가족 제단이 있는 경우가 많았지만, 가장 인상적인 것은 오바(obas), 즉 왕들의 제단이었다. 왕실의 제단은 주로 왕조의 연속성을 보장하기 위해 마련되었으며, 새로 즉위한 오바는 제단을 만들어 아버지이자 선왕, 또는 왕대비의 지위를 얻은 어머니에게 바치는 것을 의무로 여겼다.

베냉 왕국의 에도속은 죽은 소상을 깨워 기도를 듣게 하기 위해 종과 딸랑이 지팡이 같은 물건들을 제단에 두는 것이 일반적인 관습이었다. 특히 왕실 제단에서는 변화, 전쟁, 또는 의식[41]의 장면을 보여주는 정교하게 조각된 코끼리 상아나 과거의 왕들을 묘사한 실물 크기의 황동 두상 같은 물건들을 볼 수 있었다. 황동은 부식에 강하기 때문에 왕권의 중요한 상징이었으며, 그 생산을 매우 엄격하게 통제함으로써 왕의 승인 없이 황동을 주조하는 사람은 누구든 처형될 위험에 처했다.[42] 이들은 죽은 자의 영혼이 왕과 국가를 보호해준다고 믿었으며, 왕실 제단에는 음식이나 피를 제물로 바치는 의식이 수시로 거행되었다.

1897년 영국에 무자비하게 합병된 후 베냉 왕국은 붕괴되었지만, 이 의식들은 오늘날 나이지리아의 현대 도시 '베냉시티'에서 계속 행해지고 있다.[43]

1. 코끼리 상아 조각
2. 딸랑이 지팡이[44]
3. 황동 종
4. 오바를 상징하는, 구리 합금으로 주조된 두상[45]
5. 청동 조각상

한국

한국에서는 집 안에 제단을 세우고 제사(일반적으로 기일 밤에만 지낸다)와 차례(낮에 지낸다) 같은 매우 성대한 의식을 치른다. 차례는 설(음력 새해)이나 추석(조상들에게 풍년을 감사하기 위해 가족들이 모이는 일종의 추수감사절)같이 기쁜 일이 있을 때 거행된다. 차례는 전통적으로 가문의 가장 최근 4대 조상까지를 위해 행해지며, 보통 20~30가지 음식을 준비한다. 이 음식들은 지역에 따라 매우 다를 수 있으며 차려지는 방식도 다르다(예를 들어 부산과 같은 해안 도시에서는 해산물을 더 많이 찾아볼 수 있다).[46] 차례의 시작(과 끝)을 알리기 위해 향을 피우고, 향 위에 술잔을 들고 시계 방향으로 세 번 돌린 다음 조상에게 술을 바친다. 술을 바친 다음에는 가족들이 두 번 절을 하는데, 이는 죽은 자에게만 행하는 의식이다(살아 있는 자에게는 대개 한 번만 절한다). 의식이 진행되는 동안 죽은 자에게 음식이 제공되고, 이 의식이 끝난 뒤에야 비로소 가족들이 모여 앉아 음식을 먹고 즐긴다.

그러나 이런 성대한 차례 절차는 오늘날 여러 비판에 직면하고 있다. 음식을 준비하는 데 보통 며칠이 걸리고, 전통적으로 가족의 여성들이 이 부담을 전적으로 짊어져야 했다. 따라서 이런 형식적인 절차가 너무 엄하고 번거롭다고 여겨 소규모 추모 모임을 선택하는 사람들이 늘어나고 있다. 물론 시대에 뒤떨어진 성차별에 대한 반발의 표시이기도 하지만, 단지 편리함을 추구하기 위해 간소한 의식을 따르는 사람들도 있다.[47]

1. 병풍 또는 신위(위패)

2. 첫 번째 줄: 밥, 떡국(설날의 경우. 추석에는 또 다른 떡 종류인 송편으로 대체한다), 그리고 수저와 젓가락

3. 두 번째 줄: (왼쪽부터) 국수, 육전(고기 부침), 육적(구운 고기), 소적(두부 부침), 어적(생선을 통째로 올리는 경우 머리는 동쪽, 꼬리는 서쪽을 향하도록 배치한다), 어전(생선 부침)

4. 세 번째 줄: 고기, 소고기, 생선국

5. 네 번째 줄: 포, 나물(양념에 버무린 채소), 나박김치, 간장, 식혜

6. 다섯 번째 줄: 대추, 밤, 배, 감, 사과 등의 과일과 한과 등의 디저트. 디저트는 대개 이 순서대로 배열된다.

7. 향로와 향초

심령술

서양에서는 죽은 자와 대화한다고 하면 대개 위자보드(심령 대화용 점술판-옮긴이), 거울 속 피투성이 여인, 유령 사냥꾼, 그리고 종종 파티 게임이나 사이비 과학으로 치부되는 그 외 여러 가지를 떠올리곤 한다. 하지만 바로 이런 배경에서 죽은 자와의 소통을 주요 내용으로 하는 미국의 심령주의가 탄생했다. 남북전쟁 이후 뉴욕주 하이드빌 출신의 폭스 자매(매기, 케이트, 리아)에 의해 널리 퍼지게 된 심령주의는 과학, 신비주의, 종교의 교차점에서 작동하는데, 이 공식이 일반 대중에게 큰 인기를 얻으면서 결국 영국으로까지 퍼져나가 19세기 후반에 하나의 흐름으로 자리를 잡았다.

폭스 자매는 산 자와 죽은 자 사이의 중개자 역할을 한다는 영매(mediums. '중간'을 의미하는 라틴어 medius에서 나온 말이다)였다. 그들은 여러 곳을 여행하며 교령회(산 사람들이 죽은 이의 혼령과 교류를 시도하는 모임-옮긴이)를 열고 이른바 '영적 교신'이라는 것을 사용해 유령의 메시지를 해석하곤 했는데, 이들은 부름을 받고 나타난 유령이 두드리는 소리를 해석할 수 있다고 주장했다. 유령은 다양한 방식으로 자신의 존재를 영매에게 드러낸다. 어떤 유령은 가구를 공중에 띄우기도 하고, 또 어떤 유령은 최면 상태에 빠진 영매에게 빙의하기도 하는데, 아마도 가장 유명한 방식은 영매가 엑토플라즘(혼령과 소통하는 사람의 몸에서 나와 형체를 띠는 물질-옮긴이)을 배출하는 장면일 것이다. 그리스어 'ektos'와 'plasma(외부에서 형성되는)'에서 유래한 엑토플라즘은 영매의 몸에서 (대부분 입을 통해) 분출되는 흰색 액체인데, 이 액체가 살아서 사람들이 보는 앞에서 어떤 형태를 갖추는 것이다.[48] 이러한 심령술이 전성기를 누리던 19세기에는 수천 명의 사람들이 어두운 방에서 손을 맞대고 모여 앉아 교령회에 참여하는 일이 많았다. 교령회는 영매가 청중들에게는 보이지 않는 캐비닛 안에 앉아 진행되었는데, 이는 표면적으로는 영매가 외부의 도움 없이 온갖 현상을 일으킬 수 있다는 것을 보여주기 위한 수단이었다.

물론 심령술을 믿지 않는 사람들은 이 운동을 계속해서 폄하하고, 슬픔에 빠진 사람들의 피땀 어린 돈을 사기로 갈취하려는 장사꾼이나 사기꾼으로 넘치는 곳이라고 주장했다. 이런 과감한 비판자 중에는 유명한 마술사이자 탈출 예술가인 해리 후디니라는 사람이 있었는데, 그는 사기 영매들이 자신의 직업 윤리와 예술성을 훼손하고 있다며 공개적으로 맹렬한 공격을 퍼부었다. 심지어 생애 마지막 몇 달 동안에도 그는 의회에 나가, 상업적 점술가들이나, '별거 중인 사람들을 다시 결합시킬 수 있다고 주장하는 사람'을 범죄인으로 취급해야 한다고 증언했다.[49]

물론 후디니의 의심은 근거 없는 것이 아니었다. 1888년 매기 폭스는 뇌물을 받은 후, 자신과 자매들이 교령회에서 두드리는 소리가 나게 만든 것은 발가락 관절을 꺾어 조작한 것이라고 자백했다. 심령술의 상징이라 할 수 있는 엑토플라즘은 빛에 비춰 보면 어설프게 짠 면직물처럼 보였다.

잦은 폭로로 인해 심령술에 대한 부정적인 여론이 일면서 결국 1900년대 초에 심령술은 쇠퇴하기 시작했다. 하지만 모든 것이 다 나쁜 것만은 아니었다. 이 운동으로 인해, 대부분 여성이었던 영매들은 지금까지 그들에게 부여되지 않았던 전례 없는 수준의 재정적 자유와 독립을 누릴 수 있었다.[50] 또 산 자와 죽은 자 모두에게 유종의 미를 거두게 함으로써, 이 의식에 참여한 사람들에게도 슬픔에 맞서 할 수 있는 즉각적이고 구체적인 무언가를 제공하는 역할을 했다. 어쨌든, 사후에도 우리 영혼이 여전히 살아서 세상에 남겨둔 사랑하는 사람들을 인도한다는 생각은 너무나 매혹적이어서 그에 내한 우리의 집단적 상상력을 완전히 없애버릴 수는 없을 것이다.[51] 영매와 같은 존재, 즉 영혼을 불러내 누군가에게 빙의시키거나 특정 장소에 영혼이 나타나도록 소환하는 능력을 가진 사람의 존재는 다양한 정령숭배 문화와 토착 문화에서도 흔히 볼 수 있다. 북유럽의 사미족은 '노아이디'라는 샤먼에게 영혼과의 중재를 요청하며 순조로운 사냥

과 건강을 기원했고, 네팔의 '자크리(무당 또는 점술가)'는 '디앙그로스(dhyāngros)'라는 북을 휘두르며 조상의 영혼을 불러냈다. 한국에서도 무당(빙의된 샤먼)과 세습무(조상 대대로 무당 직업을 이어받는 사람)가 '신내림'이라는 의식을 통해 영적 소명에 부응하면서, 이때부터 그들은 엑소시즘(악령 쫓는 행위)부터 점술에 이르기까지 여러 종류의 영적 문제에 대한 중재에 본격적으로 참여하게 된다.[52]

심령술은 여전히 초기의 인기를 되찾지는 못했지만, 오늘날에도 여전히 교령회를 여는 심령술사들이 있다. 심령술이 처음에 그렇게 많은 사람들의 관심을 끌게 된 데에는 그럴 만한 이유가 있었다. 비록 사기와 스캔들로 얼룩져 있긴 하지만, 교령회가 제공한 카타르시스는 매우 현실적이었다. 우리가 잘 아는 추리소설 작가 아서 코난 도일 경도 저명한 심령술사였는데(친구인 후디니와 여러 차례 공개적으로 충돌한 적이 있다), 그는 다음과 같은 말을 남겼다. "우리의 새로운 계시가 진실이라는 나의 최종적인 주장은, 그것이 인간의 삶과 운명에 대해 지금까지 제시된 가장 자연스럽고, 합리적이며, 위안이 되는 해석이라는 것이다. 그것은 방대하고 광범위하며 모든 것을 설명해줄 뿐만 아니라, 우리의 모든 어려움에 다가가 적절한 해답을 제시해준다."[53] 다시 말해, 그것이 무엇이 되었든 당신에게 위안을 주었다면, 충분히 진실 못지않은 가치가 있다는 것이다.

세상의 유명한 유령들

민속과 괴담을 통해 우리가 상상해온 유령들은 그들을 이 세상에 얽매이게 만든 미완의 일을 안고 있는 영혼들이다. 우리가 유한한 존재임을 일깨워주는 동시에 죽음이 끝이 아니라는 약속을 전하는 유령과 정령은 다양한 문화적 서사 전통에 때로는 선하게, 때로는 악하게 등장한다. 살해된 여성의 몸에서 분리되어 산 자에게 복수하려는 영혼부터, 세례를 받거나 묻힐 때까지 산 자를 속이기만 했던 장난꾸러기 어린 유령에 이르기까지, 많은 전형적인 유령들이 인간(특히 여성)의 고통을 묘사하면서 산 자에게 도덕적 이상을 일깨워주는 역할을 한다.[54]

유령 사냥꾼

북유럽 민속 문학에서 널리 알려진 유령 사냥꾼, 즉 말을 탄 전사 무리를 일컫는다. 보통 역사적으로 유명한 인물이 이들을 이끌며 유령 추격전을 벌인다.

폰티아낙

동남아시아 일부 지역에서는 '쿤딜라낙'이라고도 불리는 이 유령은 출산 중 사망한 여성의 유령으로, 남성, 임산부, 어린아이에게 해를 끼치려고 한다. 종종 프랑지파니 꽃향기나 아기 울음소리를 동반하며, 낮에는 바나나 나무에서 잠을 잔다.

디부크

유대인 민담에 나오는 악한 소유욕이 강한 유령으로, 주로 병든 사람에게 기생충처럼 붙어 있다가 내쫓긴다. 디부크에 대한 믿음은 17세기 독일과 폴란드 유대인들 사이에서 특히 널리 퍼졌다.

마일링

'우트부르드(utburds, '밖으로 데리고 나가다'를 의미하는 노르웨이어에서 유래)'라고도 알려진 이 유령들은 매장되지 않거나 세례를 받지 않은 아이들의 유령이다. 노르웨이 민담에 따르면, 이들은 홀로 떠도는 사람들의 등에 뛰어올라 공격하며 자신의 묘를 신성한 땅으로 옮겨달라고 요구한다.

라 요로나

라 요로나는 '흐느껴 우는 여인'을 의미한다. 멕시코 민담에 나오는 이 복수심에 불타는 유령은 물속과 주변 지역에 출몰하며, 남편의 불륜을 알게 된 후 질투심에 사로잡혀 익사시킨 자신의 아이들을 울면서 애도한다.

후나유레이

일본 신화에 등장하는 이 유령들은 바다에서 익사한 사람들의 유령으로 여겨지며, 안개가 끼거나 폭풍우가 치는 날에 선원과 어부에게 나타나 그들마저 익사시키려 한다.

먼지에서 먼지로

죽음에 대해 전 세계 사람들이 공통적으로 느끼는 두려움(실제로 이것이 죽음에 대한 우리의 믿음과 각종 의식의 원동력이 되기도 한다)은, 우리가 죽은 후에는 다른 사람들에게 아무런 의미도 없이 버려지고 잊힐 것이라는 생각이다. 우리는 사회적 동물이기 때문에, 많은 사람들이 자신의 공동체와 완전히 단절되는 것보다 더 큰 불행은 없다고 생각하는 것도 놀랄 일이 아니다. 따라서 오늘날 우리가 행하는 많은 추모 의식은 공동체와 연속성에 대한 우리의 갈망을 충족시켜주기 위한 것인지 모른다. 결국, 잊힌다는 것은 아무것도 아닌 존재, 아무도 생각하지 않는 존재가 되는 것이다. 그것이야말로 세상에서 가장 외로운 죽음일 것이다.

물론 이에 대해서는 다음과 같은 질문이 제기될 수 있다. 가난하게 죽은 자들을 누가 기억하겠는가? 집도 없는 극빈자들은 흔히 모든 사회적 지원 체계와 단절된 채 죽음을 맞이하며, 주인 없는 영안실에서 익명으로 장례를 치른다. 가족이 없거나 장례 서비스를 받을 여유가 없는 가난한 집의 장례식과 그 비용은 국가가 부담하는 경우도 많다. 영국에서는 이러한 장례식을 '극빈자 장례식'이라고 부르기도 하는데, 이는 극빈층 노동자들의 요구가 늘어나면서 19세기에 도입되었다. 이들의 장례식은 형식적인 절차 없이 진행된다.[55] 부유하고 영향력 있는 사람들의 호화로운 장례식이 사회 상류층에서의 그들의 지위를 상징했던 것처럼, 가난한 사람들의 비참한 장례식 또한 그 사람의 열악한 지위가 그대로 반영되는 것이다. 역사가 토마스 W. 래커는 이를 '사회 체제로부터의 완전한 배제'라고 불렀다.[56]

예로부터 가난한 사람들은 대개 옹기장이의 밭에 묻혔는데, 이는 성경에서 제사장들이 유다가 예수를 배신한 대가로 받은 돈으로 진흙투성이의 밭을 사서 신원 미상의 시체를 묻었다는 이야기에서 유래한 것이다. 그러나 최근에는 이런 관행도 화장으로 바뀌었다. 미국의 화장장에는 집 없는 가난한 사람들의 시신 수천 구가 재가 된 상태로 수년 동안 선반에 보관되어 주인을 기다린다. 물론 대부분은 찾아가는 사람이 없다. 로스앤젤레스에서 매년 시행하는 인구 조사에 따르면, 집 없는 사람들은 매년 증가 추세를 보이며 현재 약 7만 5,000명에 달하는 것으로 나타났다.[57] 이 수치는 시카고, 샌프란시스코, 뉴욕의 집 없는 사람들을 합친 것보다 더 많은 수치인데, 집 없는 사람들이 많다는 것은 주인 없는 시신이 많다는 의미이기도 하다.[58] 이들 대부분은 익명으로 사망하는데, 이에 따라 12월 21일(동지이자 1년 중 가장 밤이 긴 날)에 열리는 노숙자 추모의 날 같은 기념 행사에 점점 더 많은 사람들이 몰리고 있다. 이런 행사에는 촛불 기도, 묵념의 시간, 그리고 죽은 자의 이름을 낭독하는 순서가 포함되는데, 이 모든 순서가 혹독한 추위 속에서도 빠짐없이 차례대로 진행된다.[59]

중원절(133쪽) 기간에는 이름 없이 죽은 자들을 위해 거리 제단을 자주 바친다. 이는 손윗사람을 방치하거나 버림으로 인해 생겨난 배고프고 사악한 귀신들을 달래야 후손들의 불행, 질병, 심지어 죽음까지 모면할 수 있다는 도교의 믿음 때문이다.[60] 일본에서는 불교 승려들이 때때로 이름 없이 죽은 자들을 기리며 향을 피우고, 특정한 날을 정해 세상을 떠난 모든 사람의 영혼을 위해 기도한다. 아무도 기억해주지 않는 죽은 자들을 기억해주는 것이다.[61]

오늘날에는 사회적 지위나 부에 관계없이 시신을 가능한 한 효율적인 비용으로 처리해야 한다는 실질적인 필요성과, 모든 사람에게 죽음의 존엄성을 부여해야 한다는 공동체의 의무가 병행되고 있다. 주인 없는 가난한 사람들의 시신을 기본적인 예의와 존중을 담아 안치하는 추모 의식은, 사회 시스템이 가장 취약한 계층을 그들이 살아 있는 동안 제대로 돌보지 못하고 있다는 결함을 새삼 일깨워준다.

PART 2
추모비

영원히 잊히지 않으려면

대부분의 경우, 역사를 기억하는 사람들은 먹이 사슬의 최상위에 자리한다. 당신이 다른 사람에게 이야기할 만한 훌륭한 삶을 살았다고 가정해보자. 당신은 문명을 정복했고, 국민들의 마음과 정신에 막대한 영향력을 행사했으며, 엄청나게 많은 돈을 모았다. 당신은 정말 유명한 사람이 되었고, 이 세상을 떠난 지 수 세기가 지난 후에도 기억할 가치가 있는 존재가 될 수 있었다. 앞서 언급했듯이 인류는 추모 의식을 행해온 길고 다양한 역사를 가지고 있지만, 동시에 우리가 변덕스럽고 잘 망각하며, 불편하게도 언젠가 죽어 없어지는 존재라는 것 또한 변함없는 사실이다. 시신을 방부 처리한다고 해서 영원히 보존되는 것도 아니며, 단지 막을 수 없는 부패 과정을 일시적으로 지연시킬 뿐이다. 따라서 당신이 진정으로 오래 기억되고 싶다면, 오래도록 남을 무언가를 남겨야 한다.

한 사람의 죽음으로 인해 그가 속해 있던 공동체 사회의 분위기가 완전히 바뀔 수 있기 때문에, 그 공동체의 물리적 환경이 변하는 것도 이상한 일이 아니다. 따라서 살아 있는 이들에게 영속적이고 구체적인 흔적을 남기고자 하는 강박관념은 동서고금에 차이가 없다. 이는 우리 조상들도 마찬가지다. 고분(기본적으로 흙과 돌로 쌓아 만든 무덤), 고인돌(테이블 형태의 기념비), 그 외 여러 거석들과 같은 선사 시대 유적들은 유럽과 아시아 전역에서 발견되고 있으며, 일부는 기원전 4500년경으로 거슬러 올라가는 것들도 있다.[62] 오늘날에도 비극의 현장에 공공 추모비를 세우는 일이 많지만, 옛날의 여러 문화권의 많은 무덤에도 묘비, 십자가 등 여러 가지 매장의 표식들이 세워져 있다. 이는 먼 훗날 우연히 이 장소를 발견하는 사람들에게 자신이 존재했고 이름이 있었다는 사실을 알리기 위한 것이다.

많은 추모 기념물들이 영원히 보존되기를 바라는 마음으로 세워지지만, 오랫동안 남아 있는 기념물은 대개 부유하고 권력 있으며 공적으로 존경받는 사람들을 기리기 위해 세워진 기념물들이다. 물론 규모와 기능은 각기 다를 수 있다. 단순한 무덤과 묘비는 사적 추모 의식과 공적 추모 의식을 모두 행할 수 있는 장소이지만, 공적 기념물은 거의 공적 추모 의식을 위한 장소로만 사용된다. 따라서 이러한 기념물들은 대개 돌, 금속 또는 내구성이 뛰어난 재료로 만들어지며, 매우 화려하거나 거의 파괴할 수 없을 정도로 거대한 경우가 많다. 이것들은 건설에 막대한 시간과 비용이 소요되기 때문에, 기리려는 사람이 죽기 전에 공사가 이미 시작된다. 예를 들어, 기자의 피라미드는 바로 그 무덤에 묻힐 사람들의 명령에 따라 건설되었기 때문에, 파라오들은 자신들이 어떻게 기억될지도 적극적으로 결정할 수 있었다. 오늘날 가장 높고 상징적인 기념물은 죽은 자들에게 바치는 건축물들로, 거대한 장례 복합 시설인 타지마할이 그 대표적인 예다. 이런 건축물들은 그 규모가 클 뿐만 아니라 해당 도시, 마을, 공원에서 눈에 띄는 자리를 차지하는 경향이 있다. 주변 지역의 주민들에게 이미 어느 정도 중요한 의미를 지닌 장소나 그들을 수용할 수 있도록 특별히 설계된 공간에 세워지기도 한다. 간단히 말하자면 이런 기념물들은 눈에 쉽게 띄는 곳에 세워진다는 것이다. 바로 이것이 중요한 점이다. 이런 공공 기념물들은 단순히 개인적인 슬픔이나 죽은 자에 대한 그리움에 의존해 죽은 자에 대한 기억을 불러일으키려는 의도로 세워진 것이 아니라는 사실이다. 이것들은 가능한 오래 지속되고 기억되어야 하며 때로는 전체 문명을 상징하기도 해야 하기 때문에, 무엇보다도 집단 기억의 장소 역할을 하는 것이 중요하다. 결국 이런 기념물은 개인을 추모하기 위해서라기보다는, 그 중요한 인물들을 통해 공동체가 공유해야 할 역사에 대해 교육하고, 권력을 정당화하고, 국가나 사회의 우화적 이상을 옹호하기 위해 사용될 뿐이다.

이집트 기자에 빛이 들어오면 도시는 말 그대로 죽음의 그림자 속에 사는 셈이다. 역사적으로 볼 때 이런 곳에서는 죽은 이들이 사회의 변두리로 밀려나는 게 아니라, 오히려 일상생활의 물리적·정신적 구조 속에 깊이 새겨지기 때문이다.

조각상

인쇄, 사진, 인터넷이 시각 정보를 공유하고 소비하는 방식을 영원히 바꿔놓기 전의 좋았던 시절에는, 지배 계급이 이미지를 제작하고 전파하는 데 가장 선호했던 방법이 바로 조각상을 제작하는 것이었다. 즉 돌이나 청동으로 자신의 모습을 조각해 최대한 눈에 띄도록 배치해놓는 것이다. 실물 크기의 예술가, 작가, 과학자의 조각상을 공공장소에 세우는 것부터 도시 광장의 중심을 차지한 정치인과 왕의 거대한 조각상에 이르기까지, 조각상은 오랫동안 숭배의 대상, 대중 선전 도구, 그리고 명예와 인정의 표식으로 사용되어왔다.

세계 곳곳에는 정치가들의 거대한 조각상이 세워져 있지만, 가장 눈에 띄는 것은 지금은 존재하지 않는 소련의 일부였던 나라들에서 발견되는 조각상들이다. 오늘날에는 그런 조각상들이 지나치게 큰 것처럼 보일지 모르지만, 이 거대한('거대하다'를 뜻하는 'colossal'은 그리스어 'kolossoi'에서 유래한 말로, 헤로도토스가 이집트 파라오들의 거대한 석상을 묘사하기 위해 처음 사용했다[63]) 조각상들은 명백한 역사적 선례를 가지고 있다. 앞서 언급했듯이, 파라오 시대 이집트는[63] 이제는 폐허가 된 자신의 장제전 앞에 세워진 파라오 아멘호테프 3세의 조각상 한 쌍을 위시해 많은 거대한 조각상들이 넘쳐났다. 그리스인들도 거대한 조각상을 많이 세웠지만, 그들의 조각상 대부분은 정치인보다는 제우스나 아테나 같은 신들이었다. 고대의 거대 조각상은 대부분 종교적 인물을 묘사한 것이 많았다. 오늘날 가장 높은 조각상은 현대 인도를 건국한 주요 인물 중 한 명인 발라브바이 파텔을 기리는 약 182m 높이의 '통일 조각상'일 것이다.

그러나 단지 거대한 규모가 아니라, 어디에나 존재함으로써 자신을 드러내는 인물도 있다. 로마 제국 초기의 일반 로마 시민이라면 누구나, 제국의 건국자이자 역사에는 '아우구스투스'로 더 잘 알려진 가이우스 옥타비우스 투리누스의 초상화를 마주치지 않고는 일상생활을 할 수 없었다. 일상생활에 사용되는 동전에 그의 초상화가 새겨진 것 외에도, 시민들은 도시 광장, 사원, 바실리카(회관), 극장 등 거의 모든 곳에서 그의 모습을 형상화한 조각상을 볼 수 있었다.[64] 아우구스투스는 곳곳에 자신의 조각상을 세심하게 세워놓은 채 신격화된 군주로 사망했고, 이후 서양 세계에서 왕들은 문자 그대로 자신의 얼굴을 돌에 새겨 자신의 통치를 정당화하는 방식을 일관되게 따랐다. 이런 고대의 조각상은 1800년대에 세워진 많은 공공 조각 작품에 영향을 미쳤으며, 오늘날의 광장, 중요 건물 근처, 도시 공원에 있는 기념물의 대부분도 이 영향을 받았다.

오늘날에는 살아 있는 사람이든 죽은 사람이든, 조각상을 통해 누군가를 기리는 것은 100년에서 200년 전만큼 흔히 있는 일은 아니다. 요즘 세워지는 조각상들은 대개 대중문화 속 인물(운동선수, 팝스타, 연예인 등)이거나, 백인과 남성이 주류인 경쟁의 장을 평등하게 만들려고 노력하는 역사적으로 소외된 공동체의 인물을 기리는 경우가 많다.[65] 지배 계급과 오랫동안 일관된 연관성을 지닌 조각상은 본질적으로 정치적일 수밖에 없다. 누군가의 조각상을 만든다는 것은 항상 공개적인 선언의 성격을 갖는다. 그 사람이 중요한 사람이라는 것을 아는 한, 그 사람의 삶에 대해 아는 것이 있느냐 없느냐는 전혀 중요하지 않다.

무너지는 추모비

하지만 누가 오랫동안 추모될 만한 자격이 있는지를 어떻게 결정할 수 있을까? 즉, 누구의 조각상을 만들어야 하는 것일까?

2020년 조지 플로이드 살해 사건(2020년 5월 25일 미국 미네소타주 미니애폴리스에서 경찰의 과잉 진압으로 아프리카계 미국인 조지 플로이드가 사망한 사건-옮긴이) 이후 시민들의 불안이 증폭되면서 전 세계에서 인종적 불의와 폭력을 상징하는 동상 수백 개가 철거되었다. 시민들의 불만이 얼마나 고조되었는지, 철거는 대부분 때로는 강제로, 때로는 주법을 위반하는 방식으로 이루어졌다. 노예 소유주, 남부 연합군 장군, 잔혹한 식민지 지배자의 동상이 하나하나 무너져 물속으로 버려졌다. 벨기에에서는 콩고에서 자행된 만행에 연루된 레오폴드 2세 국왕의 흉상이 공원에서 철거되었고, 영국 브리스톨에서는 시위대가 대서양의 노예상 에드워드 콜스턴의 청동 동상을 무너뜨렸다. 미국 전역에서 백인 우월주의, 인종차별, 노예제와 관련된 기념비들이 철거되었는데, 이 중에는 남부 연합군의 로버트 E. 리 장군, 수백 명의 노예를 소유했던 미국 대통령 조지 워싱턴과 토머스 제퍼슨의 추모비도 있었다.

한 비평가는 이러한 동상 철거 움직임에 대해 "우리 역사를 덮어 버리고 과거의 불편한 진실을 외면하는 것"[66]과 같다고 비판했는데, 철거에 반대하는 사람들은 이 동상들의 사연이 아무리 복잡하더라도 국가의 유산을 상기시키는 역할을 한다는 측면에서 그대로 두어야 한다고 주장했다. 동상 철거는 최근 역사에서는 볼 수 없었던 심판이었지만, 동상을 세우는 것이 오랜 전통인 것처럼 동상을 철거하는 것 역시 오랜 전통이었다.

우상 파괴는 원래 비잔틴 제국 시절에는 종교적 성상을 파괴하는 것을 의미했지만, 이후에는 모든 형태의 예술과 문화 유물의 형상을 파괴하는 행위로 그 의미가 전 세계적으로 확대되었다.[67] 누군가를 기념하는 기법이 시대에 뒤떨어지거나 그 대상 인물에 대한 평가가 면밀히 재검토되는 문화적·정치적 변화의 순간마다, 그와 관련된 이미지를 파괴해야 한다는 강박관념이 반복되는 것 같다. 소련 붕괴 이후 공산당 지도자들의 동상이 철거되었고, 이집트 파라오의 얼굴은 침략자와 후계자 모두에 의해 무자비하게 훼손되었다. 전사자의 기념비는 영원을 염두에 두고 세워지지만, 종종 문화 전쟁이 벌어지는 정치적 전쟁터가 되기도 한다.

영국의 언론인 게리 영은 이를 다음과 같이 표현했다. "동상에 대한 집착은 아첨을 역사로, 역사를 유산으로, 유산을 기억으로 오인하게 만든다. 그리고 과거를 현재에서, 현재를 도덕에서, 도덕을 책임에서 분리하려고 한다."[68] 그러나 역사는 이러한 불변하는 경외의 상징물과는 달리 고정불변하는 것이 아니다. 사회가 기념할 가치가 있는 사람이 누구인지 언제든 재평가할 수 있는 시대에, 동상을 철거하는 급진적인 행동은 우리가 과거의 유령과 맞서는 데 필요한 동력일지도 모른다.

이름에 담긴 의미

이름만큼 우리의 정체성과 밀접하게 연결된 것은 거의 없다. 우리가 살고 있는 장소와 그 주변의 지리적 특징에 이름을 붙이려는 충동은 우리 DNA에 항상 깊이 새겨져 있다. 태고 때부터 우리는 생존을 위해 의존하는 강, 산, 계곡 등에 이름을 붙여왔다. 이는 안정적인 판단의 기준점을 찾기 위함이기도 하지만, 이름이 소속감을 형성하는 데 중요한 역할을 하기 때문이기도 하다.[69] 공공 기념물과 마찬가지로, 기념해야 할 장소의 이름도 과거의 인물들을 일상생활 속으로 되살려 각 공간에 기억과 의미를 부여하는 역할을 한다.

하지만 다른 모든 공적 기념 방식과 마찬가지로, 어느 장소에 어떤 이름을 붙이느냐에 따라 사회적·정치적 긴장감을 불러일으킬 수 있다. 지명은 오랫동안 정치적·왕조적 권위에 대한 관념을 정당화하고 전파하는 데 사용되어왔다. 수많은 도시 광장과 거리에는 왕과 군 지도자의 이름뿐 아니라 '혁명'과 '자유' 같은 정치적 이념의 이름이 붙여지기도 한다. 이런 이름이 특정 인물, 사건, 또는 사상을 기념하는 역할을 하는데, 사회학자 배리 슈워츠는 이를 '신성한 역사의 기록'의 일환이라고 말했다.[70] 따라서 정치적 혼란이나 격변의 순간을 겪은 이후에 지명을 바꾸는 것은 드문 일이 아니었다. 서베를린의 라이히스칸츨러 광장이 바로 그런 경우다. 독일 제국의 총리였던 라이히스칸츨러의 이름을 따서 명명된 이 광장은 1933년 나치가 권력을 장악하면서 그 이름이 '아돌프 히틀러 광장'으로 변경되었고, 나치가 몰락한 후 원래 이름으로 돌아갔다가, 독일 연방 공화국의 초대 대통령을 기리기 위해 다시 '테오도르 호이스 광장'으로 바뀌어 오늘에 이르고 있다.[71]

그러나 지명은 극적인 연출 효과를 가져오는 거대한 기념물 이름에 비하면 매우 평범하게 느껴져서, 거리에 이름이 붙여진 과거의 인물에 대해서는 사람들이 특별한 관심을 갖지 않을 가능성이 크다. 하지만 거리 이름의 힘은 바로 거기에 있다. 거리에 붙여진 이름은 종교적인 열광을 불러일으키거나 억제할 수 없는 슬픔을 표출하기 위한 것이 아니다. 거리에 붙여진 이름은 그것이 역사의 '공식' 버전임을 선언하고 확인하기 위한 것이며,[72] 그 거리를 보고 이야기하는 살아 있는 사람들의 일상적 현실과 분리될 수 없게 만드는 효과를 지닌다.

하지만 이름 뒤에 숨은 이야기가 폭력과 태만에 관한 내용이라면? 수많은 소외된 공동체들이 자신의 조상들을 식민지화하고, 살인하고, 잔혹하게 학대한 사람들의 이름을 딴 공간을 마주한다면? 그것은 조용하고 일상적인 삶을 살아가는 일반 대중들에게 불의한 체제를 어쩔 수 없이 받아들여야 했던 기억을 다시 한 번 상기시키는 역할을 할 수 있다. 그러나 다행스럽게도 그런 이름들은 바뀔 수 있으며, 이미 바뀌기 시작했다. 미국 연방 정부는 지금까지 수백 개의 산, 호수, 그리고 기타 지리적 명칭을 바꿈으로써 인종 차별적이거나 경멸적인 명칭을 없애버렸다. 물론 그런 변화가 결코 쉽게 이루어지지는 않았다. 미국 지리명칭 위원회가 거의 50년간의 캠페인을 벌인 끝에 사우스다코타주의 '하니 피크(매우 잔혹한 행위로 원주민인 라코타 수족에게 '여성 킬러'라는 별명을 얻은 윌리엄 S. 하니 장군의 이름을 따서 붙여진 이름이다)'라는 명칭을 라코타 수족의 정신적 지도자의 이름을 딴 '블랙 엘크 피크'로 변경하기로 결정하자, 데니스 다우가드 주지사는 위원회의 명칭 변경을 비난하는 성명을 발표했다. 다우가드 주지사는 이미 잘 알려진 랜드마크의 이름을 바꾸는 것은 혼란을 야기할 뿐만 아니라 주 정부 예산을 낭비할 뿐이라고 주장하며, '하니 피크로 부르든, 블랙 엘크 피크로 부르든 산의 역사를 아는 사람은 거의 없다고 생각한다'고 덧붙였다.[73] 그러나 특정 장소의 이름에는 힘이 있다. 사람들이 친숙하고 중요하다고 여겨지는 장소에 특정 이름이 붙여지고 그 권리를 주장하는 힘은 사람들의 이야기, 삶의 경험, 그리고 정서적 안녕에 핵심적인 역할을 하기 때문이다.[74] 특히 오랫동안 소외되고 억압받고 역사의 기록에서 지워져온 공동체에게, 누군가를 기념하는 이름을 붙이는 것은 그 이름의 인물이 행한 행위에 대한 정당성과 인정을 나타내는 강력한 척도가 될 수 있다. 블랙 엘크의 직계 후손인 마이런 푸리에에게 이 산의 이름을 바꾸려는 노력은 결코 '부정적인 것'이 아니라, 원주민 공동체의 화해와 치유에 대한 열망에 뿌리를 두고 있는 행동이었다.[75]

누군가를 기념하는 이름을 붙이는 것은 단순히 지명에만 국한되지 않는다. 그런 위인들은 학교, 별, 장학금, 자선 단체 등 다양한 곳에 그 이름이 붙여지며 영예를 얻어왔다. 개인적인 차원에서 보면, 많은 사람들이 조부모나 돌아가신 분, 사랑하는 사람, 혹은 존경받는 역사적 인물의 이름을 따서 자신의 이름을 짓는다. 성을 가진 우리는 모두 그들이 자신의 성을 자녀, 손자녀, 그리고 그 후손에게 물려준 오랜 세월의 산물이다.[76] 당신은 당신보다 먼저 살았던 모든 삶의 연장선이며, 그중 일부는 아직도 당신 안에 살아 숨 쉬고 있다.

신은 알고 계신다

이와는 정반대로, 때로는 어떤 이유로든 이름이 알려지지 않은 희생자들을 위한 추모비가 세워지기도 한다. 바로 무명용사의 묘를 비롯해, 실종되거나 신원이 확인되지 않은 수많은 전쟁 희생자들을 기리는 기념비들이다.

전사자들을 기리는 무덤은 제1차 세계 대전 이후 많이 생겨났는데, 바로 이 전쟁으로 인해 전례 없는 규모의 사상자가 발생했기 때문이다. 이러한 무덤들 중 다수는 고대 이집트와 고전적 고풍의 무덤 및 사원과 건축학적으로 유사점을 보이기도 하고, 델포이의 아폴로 신전에서 타올랐던 전설적인 불을 떠올리게 하는 영원한 불꽃과 같은 순수함과 기억의 상징처럼 보이기도 한다.[77] 그러나 이런 무덤 중에는 실제로 시신이 매장되어 있는 무덤이 있는가 하면, 단지 상징적일 뿐 시신은 없는 무덤(예를 들어 위령탑)도 있다. 미국 워싱턴DC 인근의 알링턴 국립묘지 지하에는 네 개의 무덤이 있는데, 제1차 세계 대전, 제2차 세계 대전, 그리고 한국전쟁에서 발굴된 신원 미상의 시신 세 구가 안치되어 있고, 나머지 한 개의 무덤은 베트남전쟁에서 실종된 병사들을 기리기 위해 비어 있다.[78] 이런 기념 묘지들은 실제 유해가 있는지의 여부와 관계없이 전체 군대를 대표하는 역할을 하며, 무력 충돌에서 흔히 발생하는 상실, 희생, 훼손, 그리고 영웅심을 강력하게 상징한다. 그곳에서는 종종 엄숙한 군사 의식이 거행되기도 하는데, 여기에는 정성스러운 경비병 교대식도 포함된다. 알링턴 국립묘지에서는 1937년부터, 매일 정한 시간이 되면 무명용사의 묘를 지켜온 '올드 가드'라는 별명이 붙은 미합중국 육군 제3보병 연대원들이 경비병 교대식을 수행한다. 이 의식에는 가장 상징적인 군사적 영예인 21발의 예포가 매시간(또는 달에 따라 30분마다) 거행된다.[79] 현충일이나 재향군인의 날 같은 특별한 날에는 과거 전쟁을 치렀던 국가 간의 존중과 친선의 표시로 외국 고위 인사와 국가 원수들이 묘역을 찾는다. 이 묘지에 모셔진 사람들이 누구인지 알려지지 않았다는 사실이 그 공간의 감정적 울림을 약화시키는 것은 아니다. 오히려 그들의 익명성이 전쟁이 그토록 비극적이라는 사실을 더 실감 나게 보여주는 것인지도 모른다.

❶ 영국 런던의 무명용사 무덤

웨스트민스터사원에 위치한 이 무덤은 1920년 프랑스에서 이송해 매장된 무명용사들을 기리는 곳이다. 서부 전선에서 복무하던 군목 데이비드 레일턴 목사가 뒷마당 무덤에서 누군가 거친 십자가에 연필로 '영국군 무명용사'라고 써놓은 것을 보고 이 무명용사의 무덤을 만들게 되었다고 전해진다.[80]

❷ 프랑스 파리의 무명용사 무덤

개선문 아래에 위치한 이 무덤은 영국의 무명용사 무덤과 거의 같은 시기에, 프랑스 역사에 걸쳐 프랑스의 이름으로 싸우다 숨진 모든 군인들을 기리기 위해 조성되었다.[81]

❸ 이탈리아 로마의 무명용사 무덤

제1차 세계 대전에 참전했던 무명용사의 유해가 안치되어 있다. 이 유해는 전쟁에서 아들을 잃은 모든 이탈리아 어머니들을 대표하는 트리에스테 출신의 한 여성이 11구의 유해 중 선택한 것으로 전해진다.[82]

❹ 이라크 바그다드의 무명용사 기념비

이란-이라크 전쟁(1980~1988)의 이름 없는 순교자들을 기리는 이 기념비는 죽어가는 이라크 전사의 움켜쥔 손에서 이라크 전통 방패인 '디라'가 미끄러져 떨어지는 모습을 묘사하고 있다.[83]

❺ 그리스 아테네의 무명용사 무덤

'에브존'이라는 대통령 경호대가 매시간 교대하며 지키는 이 무덤은 제2차 세계 대전과 최근의 전쟁에서 전사한 군인들을 기리는 곳이다. 벽에는 죽어가는 그리스 군인을 묘사한 양각의 조각상과 투키디데스의 『펠로폰네소스 전쟁사』에서 발췌한 인용문이 새겨져 있다.

오래된 거짓말

윌프레드 오웬의 유명한 전쟁 시 「복되고 영광스러운 것은(Dulce et Decorum Est)」은 제1차 세계 대전의 참상을 묘사한 시로, 로마 시인 호라티우스의 『송가』에 나오는 한 구절에서 제목을 따와 체계적으로 풀이한 작품이다. 원문 전문은 다음과 같다. "조국을 위해 죽는 것이 복되고 영광스러운 일이라는 것은 오래된 거짓말이라네(The old lie: Dulce et decorum est pro patria mori)". 전쟁은 언제나 영웅심과 공포를 동시에 수반해왔으며, 전쟁 기념비를 짓는 모든 건축가들 역시 과거 수많은 역사가, 작가, 다큐멘터리 제작자, 언론인이 겪었던 것과 같은 과제에 직면한다. 바로 '전쟁을 어떻게 진실되게 표현할 것인가'라는 도전이다. 전사한 애국자들을 기리는 장엄한 신고전주의 양식의 무덤과는 달리, 인간의 잔혹 행위로 희생된 이들을 기리는 기념비는 훨씬 더 파격적인 모습을 보일 수 있다. 대량 학살, 전쟁, 대중을 향한 테러의 규모와 공포를 온전히 표현하기는 어렵기 때문에, 수많은 희생자들을 기리는 기념비는 매우 추상적으로 보일 수 있다.

'유럽의 유대인 학살 희생자 추모비(홀로코스트 메모리얼)'는 높이가 각기 다른 2,711개의 콘크리트 슬래브로 구성되어 있으며(164~165쪽 참조), 어디에서 보든 추상적인 물결 모양을 이루고 있다. 이곳에는 희생자들의 이름과 전기, 작별 편지, 영상, 사진 등이 소장되어 있는 지하 박물관이 있다. 베를린 중심부에 위치한 이 공간은 홀로코스트로 인해 약 600만 명의 유대인이 박해받고 살해당한 현장이다. 미국 건축가 피터 아이젠만이 설계한 홀로코스트 메모리얼은 의도적으로 모호한 분위기를 자아내며, 방문객들은 이 비극을 자신들이 원하는 방식으로 조용하고 정중하게 묵상할 수 있다. 어떤 이들은 이곳을 무덤이 없는 묘지에 비유하기도 하고, 어떤 이들은 무덤이나 관에 비유하기도 한다. 하지만 이 모든 것의 핵심은 기념비의 겉모습이 아니라, 오히려 그것이 주는 느낌에 있다. 아이젠만은 "설명할 수 없는 것을 표현할 수는 없다"라고 말했다. 아이젠만은 방향 감각을 상실하게 만들고 폐쇄 공포증을 유발하는 미로와 같은 이 모습을 통해 강제 수용소 생활의 트라우마를 희미하게나마 보여주기를 바란 것 같다.[84]

또 다른 추상적인 추모 장소로는 워싱턴DC에 있는 '베트남 참전 용사 기념비(다음 페이지 그림 참조)'를 들 수 있다. 이 기념비는 베트남전쟁에 참여했다가 전사한 미군 장병들을 기리는 곳이다. 이 구조물은 두 개의 커다란 화강암 벽이 맞닿아 있으며, 베트남전쟁에서 목숨을 바친 5만 8,000명이 넘는 장병들의 이름이 연대순으로 새겨져 있다.[85] 베트남전쟁은 복잡한 유산을 남겼다. 미국 최초로 TV로 광범위하게 중계된 이 전쟁은 길고 피비린내 나는 전쟁이었으며, 미국인들에게 깊은 분열을 초래했다. 추상적인 형태로 표현된 이 기념비는 전쟁을 지지하거나 반대하는 개념에서 벗어나 수많은 희생자들에게 초점을 맞추고 있다. 동시에 수천 마일 떨어진 곳에서 희생된 사람들의 삶을 엄숙한 색상으로 솔직하게 읊는 것 자체가 전쟁을 규탄하는 의미로 받아들여질 것이다. 내셔널 몰(링컨, 마틴 루터 킹, 루스벨트, 2차 대전 참전 용사, 베트남 참전 용사의 기념비가 모두 모여 있는 공원-옮긴이)의 다른 부분을 가득 채운 하얀 대리석 기념물들과 대조적으로, '벽'으로 되어 있는 이 기념비는 열린 상처, 땅에 깊이 파인 검은 상처처럼 사람들의 눈에 더욱 인상적으로 보인다.

이 두 기념비(2005년에 홀로코스트 메모리얼, 1982년에 베트남 참전 용사 기념비)가 대중에게 공개되었을 때 사람들의 반응은 크게 엇갈렸다. 아마도 그 독특한 모습 때문인지, 추상적인 형태의 기념비가 해당 사건에 대한 의미를 제대로 부여하지 못한다는 인식이 더 강했던 것 같다. 특히 베를린의 홀로코스트 메모리얼(이곳의 기념비에는 희생자의 이름이나 가해자의 이름이 아예 없다)의 모호함에 불편함을 느끼는 사람들이 많았다.[86] 인간적인 면모가 부족하다고 비판하는 사람들도 있었고, 다른 모든 기념비는 하늘 높이 치솟아 있는데 이 기념비만 땅속에 묻혀 있다며 불만을 표시하는 사람들도 있었다.[87] 이러한 비판에도 불구하고 두 기념비를 긍정적으로 생각하는 사람들은 기념비의 좋은 점을 기꺼이 칭찬했다. 전통적인 기념비의 개념에 의도적으로 도전하는 양식이 규범적인 것을 추구하기보다는 사람들의 참여를 추구한다는 이유에서였다. 추상적인 기념비를 감상할 때에는 의미가 주어지는 것이 아니라 스스로 적극적으로 의미를 만들어갈 수 있다는 것이다. 베트남 참전 용사 기념비 앞에서 관람객, 고인의 친구, 가족 들은 고인의 이름이 새겨진 윤이 나는 검은 화강암에 자신들의 모습이 그대로 비치는 것을 볼 수 있다. 이 기념비나 이와 유사한 다른 기념비들을 방문할 때면, 공감과 연대 속에서 과거로 되돌아가는 경험을 하게 될 것이다.

베트남전쟁 참전 용사인 팀 오브라이언은 『어떻게 하면 전쟁의 진실을 전달할 수 있을까(How to Tell a True War Story)』에서 다음과 같이 썼다. "진짜 전쟁 이야기는 결코 도덕적이지 않다. 미덕을 가르치거나 장려하지도 않을 뿐 아니라, 올바른 인간 행동의 모범을 제시하지도 않으며, 사람들이 늘 해왔던 일을 하지 못하도록 막지도 않는다. 만약 어떤 전쟁 이야기가 도덕적으로 보인다면, 믿지 마시라. 전쟁 이야기를 읽고 나서 기분이 좋아졌거나 더 큰 폐허 속에서 조금이라도 정의로운 삶을 찾았다고 느낀다면, 당신은 아주 오래된 끔찍한 거짓말에 속은 것이다." 인류가 야기한 재난의 희생자들을 기리는 추모비가 전통적인 양식과 다를 경우 도덕적으로 중립을 취하는 것처럼 보일 수 있지만, 때로는 가장 강력한 비난과 저항의 행위는 그저 진실을 폭로하는 것임을 기억하는 것이 중요하다.

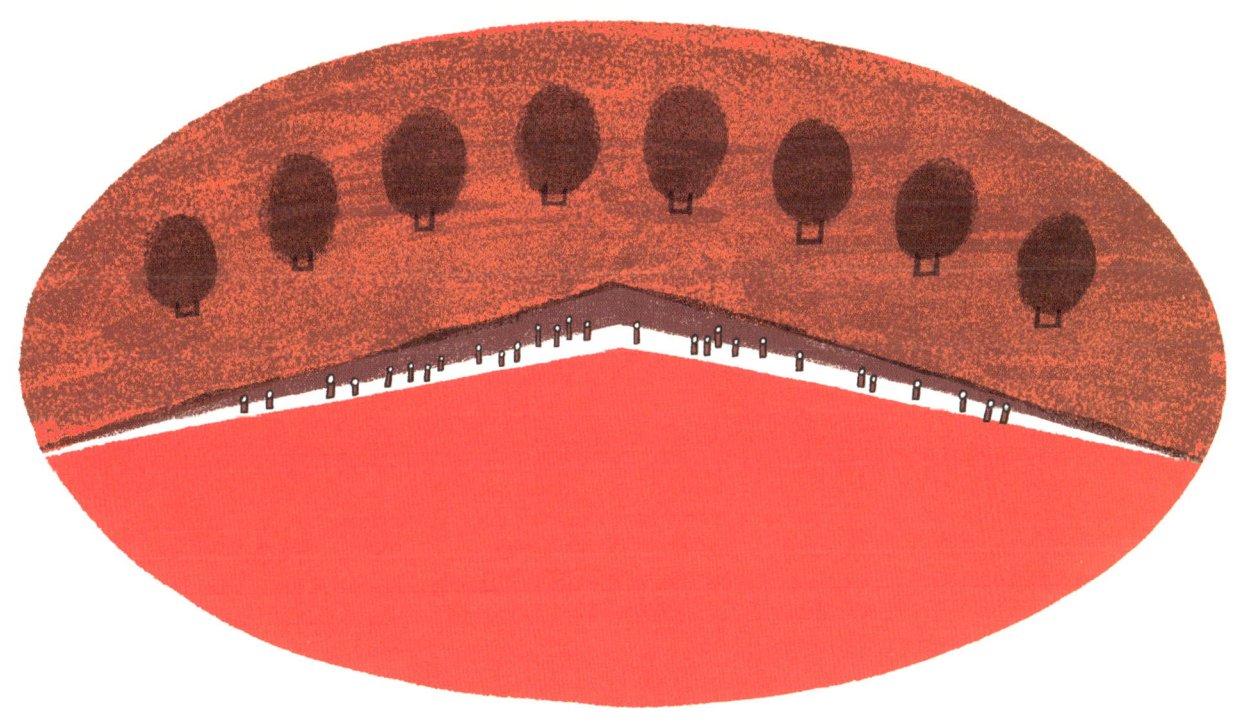

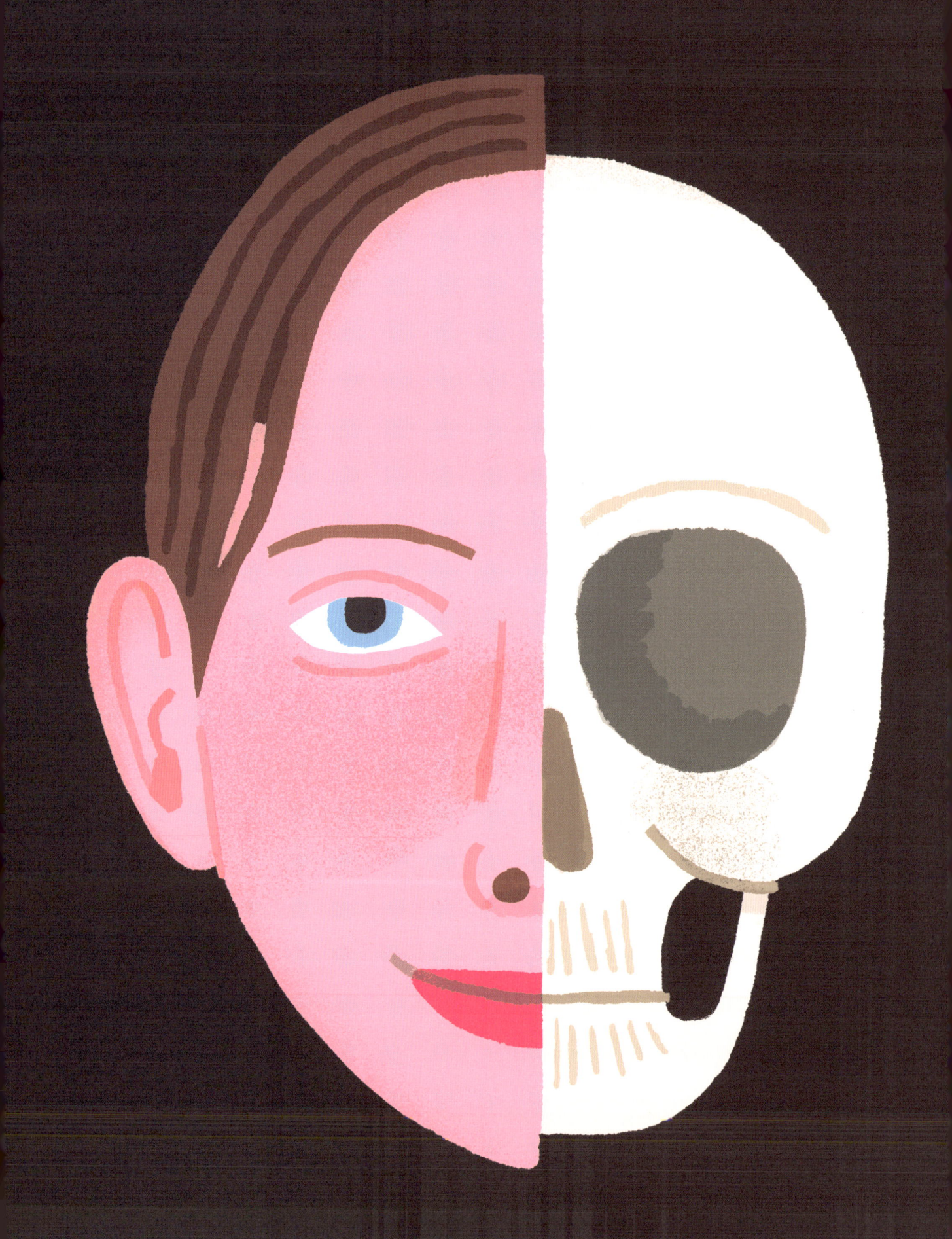

삶 Living

죽음에 대한 기록

"우리는 삶의 한가운데서도 죽음 속에 존재한다."

- 그레고리안 성가

죽음에 대한 초보자 가이드

미국의 흑인 작가 제임스 볼드윈의 말처럼, 삶은 비극적이다. "그 이유는 단순하다. 지구는 돌고 태양은 끊임없이 뜨고 지지만, 언젠가는 우리 모두에게 마지막 태양이 지는 날이 올 것이기 때문이다. 어쩌면 우리 인간의 모든 고통은 죽음이라는 사실을 부인하기 위해 삶의 모든 아름다움을 희생시키고, 토템, 금기, 십자가, 피의 희생, 첨탑, 모스크, 인종, 군대, 깃발, 국가에 스스로를 가두는 데에서 오는 것인지 모른다. 하지만 오직 죽음만이 부인할 수 없는 명백한 사실이다."[1]

우리는 태어나는 순간부터 죽음을 향해 돌진하기 시작한다. 여기까지 읽었다면 당신도 한 번 이상은 자신의 죽음에 대한 생각과 마주해보았을 것이다. 자, 이제 그 생각에 동참해보자. 인류는 태초부터 죽음에 대해 고민해왔으며, 다음과 같은 가장 중요한 질문들과 씨름해왔다. 어떻게 하면 행복하고 품위 있게 죽을 수 있을까? 마지막 숨을 거둔 후에는 어떤 일이 일어날까? 앞으로 무슨 일이 일어날지 안다면(혹은 모른 채) 어떻게 계속 삶을 살아갈 수 있을까? 대부분의 경우, 이런 무거운 질문들은 죽음에 대한 심각한 불안감으로 이어질 수 있다.[2] 이런 불안감이 가장 뚜렷하게 드러나는 두 가지 방식 중 하나는 바로 죽음을 회피하는 것이다. 죽음 회피는 죽음이 완전한 소멸을 의미한다는 믿음, 혹은 죽음이 끔찍하게 고통스러운 경험이 될 것이라는 생각에서 비롯되는 것이다. 안타깝게도 너무나 많은 사람이 죽음에 대한 가족이나 친구들과의 중요한 대화를 너무 늦을 때까지 미룬다. 어떤 사람들은 죽음에 대해 은근히 걱정하면서 노화를 늦춘다고 주장하는 노화 방지 제품, 주름 제거 수술, 보충제에 몇백만원을 지출한다. 반면 또 어떤 사람들은 죽음에 대해 지나치게 무심하거나 가볍게 생각하면서 두려움을 회피하거나, 적어도 겉으로는 죽음에 맞서거나 저항하는 척한다.[3]

죽음에 대해 익숙하지 않은 사람들에게는, 죽음의 고통에 휩싸이기도 전에 죽음에 대해 생각하는 것이 병적이거나 심지어 강박적으로 느껴질 수 있다.[4] 어떤 지역에는 죽음을 받아들이거나, 생각하거나, 이야기하는 것이 더 큰 **불행**을 초래한다거나 적어도 삶의 즐거움을 누리지 못하게 한다는 두려움이 팽배해 있다. 하지만 사실은 정반대다. 죽음을 부정한다고 해서 죽음이 사라지는 것은 아니다. 오히려 더 큰 스트레스를 받을 뿐이다. 역사적으로 볼 때, 죽음을 상기시키는(메멘토 모리) 것들, 즉 납골당에 놓인 죽음의 상징물, 시들어가는 꽃과 과일 그림, 실제 또는 그림 두개골을 전시한 축제 등은 트라우마적 반응을 유발하기 위한 것이 아니라, 오히려 삶을 상기시키는(메멘토 비태) 더 큰 목표를 달성하기 위한 것이었다. 14세기 일본의 승려 요시다 겐코는 그의 수필집에서 교토 근처 토리베야마의 화장터에 대해 다음과 같이 언급했다. "만약 우리가 영원히 산다면, 그래서 아다시노의 이슬(일본 전통문학에서 '아다시노의 이슬'이란 표현은 '인생무상'을 의미한다-옮긴이)이 마르지 않고 토리베야마의 연기가 사라지지 않는다면, 사람들은 모든 것에 대한 연민을 느끼지 못할 것이다… 진실로 삶의 아름다움은 그 불확실성에 있다."[5] 죽음이 반드시 삶을 앗아가는 것은 아니다. 사실, 우리 자신이 죽을 수밖에 없는 운명이라는 사실을 받아들일 때 우리는 더욱 충만하게 살아갈 수 있다.

다행히 많은 사람들이 이미 피할 수 없는 운명을 받아들이기 위해 노력하고 있고, 다른 사람들도 그렇게 할 수 있도록 돕고 있다. 오늘날에는 90개국 이상에 수천 개의 '데스 카페'가 생겨났다. 데스 카페는 사람들(대개는 낯선 사람들)이 모여 음식과 음료를 마시며 죽음에 대해 이야기하는 곳이다.[6] 한국의 서울에 있는 한 장례 회사는 산 자를 위한 장례식을 주관하는데, 아직 죽음과는 거리가 먼 학생이나 은퇴자들이 유언장을 작성하고, 장례 사진을 촬영하고, 닫힌 관 속에서 죽음에 대해 묵상해보기도 한다.[7] 미국에서는 '굿 데스 오더(Order of the Good Death)' 같은 단체들이 방대한 자료와 입법 활동을 통해 죽음에 대한 긍정적인 문화를 조성하기 위해 노력하고 있다.[8]

"이런 조언이 필요하다면 기꺼이 들려드리겠습니다. 이제 죽는 법을 배울 때입니다." 장의사 케이틀린 도티의 거듭되는 이 같은 조언대로, 사랑하는 사람들과 죽음에 대해 이야기하라. 그들의 죽음과 당신의 죽음에 대해 말이다. 가능하다면, 그리고 기꺼이 허용된다면, 지역사회에서 행해지는 고인을 위한 의식에 참석해보라. 당신이 죽은 후에 어떤 일이 일어날 수 있고, 또 어떤 일이 일어나야 하는지 연구해보라. 사랑하는 사람의 시신이 떠나기 전에 함께 시간을 보내보라. 그리고 무엇보다 주의 깊은 삶을 살아라. 스웨덴에는 'döstädning', 즉 '죽음의 청소'라는 관습이 있는데, 이는 임종이 가까운 사람들이 사랑하는 사람들에게 짐이 되지 않도록 불필요한 물건을 모두 치우고 떠날 준비를 하는 것을 말한다. 디자이너이자 작가인 마르가레타 망누손은, 가까이에 두는 물건들과 더욱 의식적으로 함께하기 위해 나이에 관계없이 누구나 이 관습에 참여할 수 있다고 강조한다.[9] 결국 우리는 단지 잠깐 동안 이 세상에 머물 뿐이기 때문이다.

그리고 그 끝이 무엇인지는, 당신도 이미 잘 알고 있다.

좋게 죽는다는 것

우리 대부분은 사랑하는 사람들과 함께 집에서 편안하게 죽음을 맞이하는 것을 선호할 것이다. 하지만 오늘날 현대 사회의 단순한 현실은, 많은 사람들이 병원의 말기 환자 병동이나 호스피스에서 낯선 사람들의 보살핌을 받으며 생을 마감할 가능성이 높다는 것이다.

지난 몇 세기 동안 많은 것이 변했다. 인류 역사의 상당 부분에서 죽음은 집에서 일어났고, 1800년대 후반까지만 해도 병원에서의 죽음은 가난하고 억압받는 사람들에게 최후의 수단으로 여겨졌다. 그들은 돕거나 애도해줄 사람 없이 홀로 죽음을 맞이할 수밖에 없는 사람들이었다.[10] 그러나 1900년대 초, 많은 사람들이 오늘날 우리가 알고 있는 병원에서의 죽음으로 전환되기 시작했으며, 죽음은 의료 기관과 장기 요양 시설의 영역이 되었다. 죽음의 역사학자로 불리는 프랑스의 필리프 아리에는 저서 『죽음의 시간(The Hour of Our Death)』에서 임종을 맞은 19세기 프랑스의 한 농부의 마지막 소원을 이렇게 묘사하고 있다. "나흘간 콜레라에 시달려온 그녀는 마을 사제에게 병자성사(병자들에게 위안과 용기를 주기 위해 기름을 바르고 기도하는 가톨릭 성찬식)를 부탁했다." 한때는 의료 지원과 더불어 가족과 함께하는 영적인 행사로 치러지던 병자성사가, 이제는 많은 사람들에게 가족이나 영적인 지원은 거의 없는 형식적인 의료 행사로 전락한 것이다. 아리에가 더러워진 침대 시트, 요실금, 땀, 변색된 피부를 죽음의 '역겨운 광경'이라고 묘사했듯이, 죽음은 더 이상 문명 사회에서는 존재할 수 없는 것으로 여겨졌고 살아 있는 사람들의 기분을 불쾌하게 만들지 않도록 병원으로 밀려나게 되었다.[11]

물론, 아리에의 글이 현대 의학이 등장하기 전 흑사병이 창궐해 사람들이 비참하게 죽음을 맞이했던 시절을 시적으로 묘사하려 한 것은 아니다. 오늘날 인류는 그 어느 때보다 오래 살고 있으며, 생명을 구하고 고통을 줄여주는 치료에 대한 접근성도 전반적으로 높아졌다. 라틴어 'hospitum'에서 유래한 호스피스는 4세기 유럽에서 병들고 가난한 사람들을 위한 휴식과 피난처로 시작되었다. 십자군전쟁이 발발하자 기독교 수도회는 부상당한 순례자, 기사, 군인을 돌보기 위해 길가에 호스피스를 세웠다. 최초의 현대 호스피스는 1967년, 영국의 간호사이자 의사인 데임 시슬리 손더스 여사가 모든 사람은 사랑과 존엄성을 지니고 죽음을 맞이할 수 있도록 필요한 돌봄을 받아야 한다는 신념을 바탕으로 런던에 설립한 호스피스였다.[12] 이러한 호스피스가 말기 또는 불치병 환자를 위한 총체적 돌봄인 '완화 치료'를 제공하며 오늘날 임종 돌봄의 근간을 이루고 있다.[13] 그러나 의학계 내에서는 변화를 요구하는 목소리가 광범위하게 나오고 있다. 지난 50년 동안 의학이 급속도로 발전하면서, 죽음에 가까워진 사람들에게 단지 생명을 연장할 목적으로 무의미하거나 부적절한 치료가 행해지는 경우가 너무나 빈번하게 발생하고 있기 때문이다.[14] 외과의사이자 작가인 아툴 가완디도 그런 변화를 촉구하는 전문가들 중 하나다. 그는 죽음은 물리쳐야 할 적이 아니며, 환자나 그 가족들이 고통을 연장하는 대가를 치르면서까지 저항하거나 미루거나 피해서는 안 된다고 생각한다. 그는 의료 전문가뿐만 아니라 우리 모두의 궁극적인 목표가 '좋게 죽는 것'이 아니라 '마지막 순간까지 좋은 삶을 사는 것'이어야 한다고 주장한다.[15]

임종 도우미, 둘라

의사들이 종종 제대로 다루지 못하는 죽음의 또 다른 측면은 바로 마음과 영혼을 돌보는 것이다. 죽음은 점점 더 첨단 기술이 되었고, 기술의 발전은 많은 사람들이 불편하게 여기는 비인격화를 가져왔다. 그러나 삶의 마지막에는 항상 인간적인 손길이 필요하기 마련이다. 많은 사람들이 말년에 치료사, 환자 지원 단체, 또는 '데스 둘라(임종 도우미)'라는 사람들(대개는 여성)에게 의지한다. 둘라는 그리스어로 '봉사하는 여성'을 뜻하며, 보통은 출산 과정을 돕는 여성을 지칭할 때 사용되었다. 그러나 오늘날 둘라는 삶의 시작이 아닌 마지막에 있는 사람들을 돕도록 훈련받는다. 둘라는 환자들의 식사 동무가 되어주기도 하고, 그들의 이야기를 들어주며 위로하기도 하고, 장례식 계획을 돕기도 하고, 그들이 이 세상에서 저세상으로 떠날 때까지 함께 밤을 지새우기도 한다. 버몬트대학교 임종 둘라 훈련 프로그램을 처음 개발한 프란체스카 린 아놀디는 죽음도 삶과 유사하다는 것을 발견했다. "죽음도 삶처럼 강렬하고 신비스러우며 모르는 것투성이지요. 삶에서 그랬던 것처럼, 죽음에서도 통제력이나 계획을 내려놓고 잘 넘겨야 합니다."[16]

카운트다운

우리는 항상 이상적인 상황에서 죽음을 맞이하지는 못한다. 사형수들은 우리 대부분이 경험하지 못하는 최후를 맞이한다. 일정 기간의 수감 생활이 끝날 무렵이 되면 그들은 몇 주 후(혹은 몇 시간 후)에 처형될 것이라는 사실과 맞서 싸워야 한다.[17] 사형은 한때 전 세계에 널리 퍼졌지만, 현재는 50여 개국에서만 합법화되어 있다. 하지만 지난 5년 동안 꾸준히 사형을 집행한 나라는 약 11개국에 불과하며, 그중 하나가 바로 미국이다.[18] 2024년 7월 1일 기준으로, 28개 주에서 사형 집행을 앞둔 수감자는 2,216명에 달하며, 대부분은 독극물 주사를 맞는 방식으로 사형이 집행될 것이다.[19]

누구든 최종 형을 선고받은 후 마지막 몇 달이 아마도 가장 고통스럽겠지만, 수감자들은 사형 집행이나 긴 법정 절차의 종결을 기다리며 몇 주에서 수십 년까지 감옥에서 시간을 보낼 수 있다. 2024년 7월 기준, 미국에서 사형수로 수감되어 있는 죄수의 절반 이상이 18년 이상의 시간을 카운트다운하며 살아왔다. 그중 상당수는 다른 수감자들과 격리된 채 지내고 있고, 경미한 범죄 수감자들에게 허용되는 면회 시간의 극히 일부만 허용되고 있으며, 교도소 교육 및 취업 프로그램에서도 배제되었을 가능성이 높다.[20] 이 기간 동안 수감자들은 일종의 불확실한 상태에 빠져 있는 셈이다. 살아는 있지만 정상적인 일상생활과 단절되어, 모든 방향성과 주체성, 확신을 박탈당한 상태다. 그들의 마지막 날들과 시간은 여러 가지 측면에서 일종의 의식처럼 형성되어 있다. 비록 수감자들의 의견은 극히 제한되어 있는 관료주의에 의해 형성된 의식이지만 말이다. 많은 사형수들이 바로 이러한 맥락 속에서 죽음의 문턱에 직면하게 되며, 죽음을 맞으면서도 교도소 시스템 밖에서 받을 수 있는 지원의 극히 일부만을 받게 된다.

마지막 시간

1. 사형 집행일 약 3일 전, 수감자는 '죽음의 집'이라고 불리는 보조 건물로 이송되어 엄격한 감시를 받는다. 마지막 날들은 변호사와 가족들을 면회하며 보내는데, 때로는 유리창 뒤에서 하는 경우도 있고, 때로는 직접 대면하는 경우도 있다.

2. 교도관과 사형 집행팀은 사형 준비에 착수하는데, 사형 집행 중 어떤 기자들이 참석할지도 이때 결정한다.

이미 많은 사람들이 억압적이고 비인간적이라고 생각하는 사형 제도에서, 사형 집행을 기다리는 사람들에게 허용되는(또는 허용되지 않는) 마지막 의식은 때때로 격렬한 논쟁의 대상이 될 수 있다. 존 헨리 라미레즈의 사형 집행 직전에도 바로 그런 일이 일어났다. 당시 37세였던 전직 해병대원인 라미레즈는 편의점 직원 파블로 카스트로를 강도 살해한 혐의로 2021년 사형이 집행될 예정이었다. 그는 임종 직전 목사에게 안수 기도를 해달라고 요청했는데, 이는 사후 세계에 대한 위로와 인도를 받기 위한 것이었다. 침례교 신자였던 라미레즈에게 이는 가장 필요한 순간에 신앙에 헌신할 수 있는 마지막 기회를 원한 것이었다.[21] 그러나 주 정부는 안보상의 위험을 이유로 그의 요청을 거부했고, 그는 종교의 자유를 침해당했다며 주 정부를 고소했다. 이를 계기로 교도소 개혁, 사형의 윤리, 임종 시 수감자의 권리에 대한 더 폭넓은 논의가 이어졌는데, 결국 법원은 그의 손을 들어주었다. 법원은 사형수들이 사형 집행 중에 종교인의 기도와 신체 접촉을 원할 경우 그 요청을 주 정부가 수용해야 한다고 판결했다.[22] 라미레즈는 결국 2022년에 사형이 집행되었지만, 사형 제도가 허용하는 한도 내에서 그는 자신의 방식으로 죽음을 맞이할 수 있었다.

최후의 만찬

인간은 최후의 식사라는 것에 지나치게 이끌리는 경향이 있다. 아마도 우리에게 생명을 주는 집단적 행위인 '음식 섭취'와 '국가가 승인한 죽음'이라는 개념이 서로 일치하지 않기 때문에 그런지 모른다. 어쩌면 최후의 식사가 수감자가 자율적인 개인으로 인정받는 마지막 순간 중 하나라는 사실 때문에, 아니면 최후의 식사의 메뉴가 사형수의 정신 상태를 드러낸다고 생각해서 관심을 기울이는 것인지도 모른다.[23]

최후의 식사라는 전통은 적어도 고대 그리스 시대로 거슬러 올라가는데, 당시 사형을 앞둔 사람들이 굶주린 유령으로 다시 살아나는 것을 막기 위해 음식을 제공하는 관행이 있었다. 18세기 독일에서는 사형수들을 위한 '교수형 만찬'이 지역 고위 인사, 성직자, 때로는 사형 집행인까지 참석하는 대규모의 의식으로 치러졌다. 식사가 진행되는 동안 일련의 대본에 따라 사형수의 회개를 촉구하는 대화가 오고 갔다. 식사 자체는 대개 값비싼 고기와 와인이 차려진 풍성한 뷔페식이었지만, 사형수들이 그 음식을 먹을 만큼 식욕이 있었는지는 알 수 없다.[24] 어쨌든 최후의 식사는 무엇보다도 상징적인 행위로서, 사형 집행인과 사형수를 수용과 용서의 의식을 통해 하나로 묶는다는 의미를 가지고 있었다. 미국 매사추세츠주의 청교도들도 예수의 최후의 만찬을 본떠 그와 유사한 식사 의식을 가졌는데, 이는 수감자와 공동체에게 일종의 공동 속죄의 기회를 제공한다는 의미였다.[25]

하지만 이런 불가사의한 최후의 의식이 항상 주어지는 특권은 아니었다. 1990년대에, 살인범이자 백인 우월주의자인 로렌스 브루어는 사형 선고를 받자 치킨 프라이드 스테이크 두 개, 미트 베이컨 치즈버거 세 개, 치즈 오믈렛, 튀긴 오크라, 파히타(채 썬 고기나 야채를 옥수수 부꾸미에 싸서 새콤한 크림을 얹어 먹는 멕시코 요리-옮긴이), 아이스크림 1파인트, 흰 빵을 곁들인 바비큐 1파운드, 피자, 그리고 루트비어(생강과 다른 식물 뿌리로 만든 탄산음료-옮긴이) 세 잔 등 호화로운 식사를 주문했지만, 결국 아무것도 먹지 않았다고 한다. 텍사스에서는 존 휘트마이어 상원의원의 서한 한 통으로 최후의 식사를 요청하는 관행이 폐지되기도 했다.[26] 또 수감자들이 원하는 것은 무엇이든 주문할 수 있다는 이상적인 생각과는 달리 많은 주에서는 엄격한 예산 제한을 두고 있으며, 술과 같은 특정 식품은 거의 허용되지 않는다.

선행 릴레이

장례 의식, 유령, 내세에 대한 이 모든 이야기에도 불구하고, 사후에 무슨 일이 일어나는지 여전히 그다지 신경 쓰지 않는 사람들이 있다. 사실, 오늘날 여러 나라에서 종교가 점점 쇠퇴함에 따라, 죽음 이후에 우리를 기다리는 것은 아무것도 없다고 믿는 사람들이 많다. 하지만 우리의 믿음과는 상관없이 한 가지 분명한 사실이 있다. 우리는 세상을 떠나지만, 남겨진 육체에게 죽음은 단지 시작일 뿐이라는 것이다.

바로 시신이 산 자들에게 언제나 필요한 것을 제공해주기 때문이다. 과학 및 의학 연구에 사용되거나 이식용 장기를 제공하는 등, 죽은 자의 시신은 무수히 많은 방식으로 산 자에게 긍정적인 영향을 미칠 수 있다. 과학적 계몽과 해부학 연구는 수많은 시신이 제공되었기 때문에 가능했으며, 그중 대다수는 익명으로 누구의 동의도 없이 제공되었다. 16세기 영국에서, 그리고 약 300년 후 해부학법이 통과되기 전까지도, 학교와 해부학자들이 합법적으로 접근할 수 있었던 유일한 시신은 처형된 범죄자의 시신뿐이었다.[27] 기독교가 세상을 지배했던 시대에, 그리고 영혼을 보존하기 위해서는 시신이 온전하게 매장되어야 한다는 믿음이 최고조에 달했던 시대에, 시신이 과학자들에게 제공되어 해부당하는 것은 죽음보다 더 끔찍한 운명으로 여겨졌다. 그럼에도 불구하고, 일부 수감자들(해부 대상인 사형수가 아닌 죄수들)은 더 나은 죽음의 옷을 마련하기 위해 자신의 사후 시신을 돈과 맞바꾸는 등 해부학자들과 과감한 거래를 하기도 했다.[28] 결국 학계의 시신 수요가 공급을 앞지르기 시작하면서 시신 도굴 산업이 생겨났다. 1700년대 초에는, 해부학자들과 학생들이 방과 후에 무덤을 파헤치거나, 직접 나서는 대신 소위 시체 도굴자들을 고용해 최근에 묻힌 사람들(대부분 도시 빈민)의 무덤을 파헤치는 것이 흔한 장면이었다.[29] 그들의 그런 행위는 사회로부터 철저한 지탄을 받았고, 급기야 스코틀랜드에서 한 해부학자에게 시신을 공급하기 위해 일련의 살인 사건이 저질러졌다는 사실이 밝혀지자 여론은 더욱 악화되었다.[30] 결국 1832년 해부학법이 통과되면서 해부학자들은 구빈원(생활 능력이 없거나 가난한 사람들을 수용하고 구호하는 시설-옮긴이)에서 사망한 시신에 접근할 수 있게 되었지만, 무덤 도굴이 사실상 종식된 것은 1800년대 후반 현대식 방부 처리가 등장하면서부터였다.

다행히 오늘날 과학계에 시신을 기증하고 싶다면 (합법적인) 방법이 많이 있다. 시신 해부는 대부분의 야심 찬 의사들에게 오래전부터 자랑스러운 입문 의식으로 여겨져왔으며, 의과대학은 차세대 의대생들을 교육하는 데 쓰일 새로운 시신을 끊임없이 필요로 한다. 신체의 일부를 기증하는 방법도 있다. 2024년 기준 미국에서는 장기 이식 대기자 명단에 10만 명이 넘는 사람이 올라 있으며, 8분마다 한 명씩 계속 추가되고 있다. 장기 기증자로 등록하면 최대 8명의 생명을 구할 수 있다.[31] 그러나 이 방법이 마음에 들지 않는다면, '시신 농장(body farm)'으로 알려진 기관들에 시신을 기증하는 방법도 있다. 1987년 테네시대학교 녹스빌 캠퍼스에서 처음 시작된 이런 기관이 현재는 미국 내에서 8곳으로 늘어났는데, 이 기관들은 법의학자들과 형사들이 살해되거나 실종된 사망자를 조사하고 찾는 데 도움을 주기 위해 시신 해부를 연구하는 곳으로,[32] 이 중 어느 곳에든 시신을 기증할 수 있다.

우리가 자연에서 생겨났듯이, 죽음 또한 항상 새로운 생명을 낳는다. 우리 모두가 거대한 청소 동물(히말라야 독수리, 72쪽 참조)에게 먹이를 제공하기 위해 산꼭대기에 우리 몸을 내버려둘 수는 없지만, 자신이 소중히 여기는 대의를 위해 우리 몸을 기증할 수는 있다. 충돌 테스트용 마네킹으로든, 새로운 의학 기술을 시험하는 연습용 시체로든, 필요한 사람들에게 자신의 몸(또는 그 일부)을 기증하는 것은 매우 의미 있는 행위가 될 수 있다. 대부분의 시신 기증자는 익명으로 처리되지만, 우리는 의학 지식의 상당 부분, 심지어 우리 삶의 많은 부분을 우리보다 먼저 세상을 떠난 사람들의 관대함과 친절에 빚지고 있음을 잊지 말아야 할 것이다.

선행 릴레이

이게 끝일까?

통계적으로 볼 때 죽음은 전혀 특별한 경험이 아니다. 이 세상에서 매년 약 6,000만 명이 사망한다. 즉, 매일 17만 8,000명, 시간당 7,425명, 분당 120명이 사망하는 것이다.[33] 하지만 사랑하는 사람이 죽으면 그로 인한 슬픔, 분노, 상실이 너무나 크고 끝없이 이어지며 우리를 산산조각 내고 방향 감각을 잃게 할 수 있다. 그래서 이러한 비극과 변화의 순간에 많은 사람들이 과거를 돌아보는 것이다. 우리 앞선 세대의 사람들이 그랬듯이, 우리 역시 죽음의 의식을 치른다.

세상에는 각양각색의 다양한 장례 의식이 있으며, 이 책에서는 그중 일부를 다루었다. 그러한 의식들은 지리적으로 그 지역의 특수성을 반영한다. 이집트인들은 영혼이 사후 세계에서 살아남으려면 시신을 온전하게 보존해야 한다고 믿었는데, 이는 아마도 그들이 사막에 살았으므로 시체가 자연적으로 건조될 수 있었기 때문일 것이다. 북미 원주민 수족은 동물들과 함께 살았고, 그 동물에게 기꺼이 사람의 시체를 먹이로 제공했기 때문에 높은 곳에 시신을 매달아놓았다. 티베트 산악 지역에서는 나무가 귀하고 땅이 바위투성이이기 때문에 장례 의식에서 매장이나 화장을 거의 행하지 않았다. 전반적으로 보면, 우리가 사는 곳을 우리가 형성하는 것처럼, 우리가 사는 곳 역시 우리를 형성해왔음을 알 수 있다. 우리의 이념적·실천적 관심사는 우리가 사는 곳과 종종 불가분의 관계에 놓여 있으며, 그로 인해 지역마다 매우 다른 의식이 생겨났다. 시간이 지나면서 많은 의식이 다른 의례적 신념과 융합되거나 정치 개혁의 여파로 완전히 바뀌면서 시대에 맞춰 진화해왔다. 또 기후 변화의 위협이나 식민지 폭력 행위에 의한 억압으로, 또는 단순히 시대에 뒤떨어졌다는 이유로, 영원히 사라졌거나 사라져가고 있는 의식들도 있다.

우리 인류가 이러한 다양한 신념과 관습을 항상 잘 받아들인 것은 아니었다. 우리에게 사랑하는 사람의 장례 의식을 치르고 추모하는 적절한 방식을 가르쳐주는 문화적 규범은, 옳고 그름에 대한 우리의 인식을 형성하는 규범이기도 했다. 인류 역사에 걸쳐 수많은 사람들이 때로는 그들과 다른 신념을 조롱하고, 그들의 신념을 이해하지 못하는 사람들을 악마화하고, 자신에게 속하지 않은 것을 빼앗는 등 자신이 추종하는 신념에 따라 행동해 왔다. 하지만 죽음에 접근하는 데 옳고 그른 방식은 없으며, 오직 문화적 차이만이 있을 뿐이다. 어떤 경우든, 모든 것이 완전히 일치하는 세상은 단조롭고 재미없을 것이다. 우리는 수많은 다양한 의식에 노출된 후에야 비로소 자신의 경험을 진정으로 이해하고 감사할 수 있게 된다.

하지만 이러한 모든 차이에도 불구하고 한 가지만은 똑같다. 황제든, 군인이든, 어머니든, 거지든, 우리는 모두 죽을 수밖에 없다는 사실(그리고 죽음을 두려워한다는 사실)은 다르지 않으며, 슬픔에 있어서는 누구나 하나가 된다는 것이다. 역사는 죽은 이들의 뼈, 부장품, 무덤의 얼룩덜룩한 언어로 우리에게 말을 건넨다. 역사는 우리보다 수만 년 앞서 살았던, 사랑하는 사람을 잃은 이들의 고통을 우리도 느낄 수 있다고 말해준다. 마치 그들이 우리의 고통을 알아차리는 것처럼 말이다. 때로는 바다, 지정학적 경계로, 때로는 종교로 분리된 서로 다른 세계에서 전개되는 각기 다른 죽음의 의식에서도 같은 생각이 드러난다. 우리의 의식은 서로 다르게 보일 수도 있고 그 절차도 다를 수 있지만, 메시지는 항상 똑같다. "우리는 당신을 사랑합니다. 당신이 죽어서도 잘 먹기를 바랍니다. 내가 당신을 잘 돌볼 테니, 당신도 나를 잘 돌봐주시겠습니까?"

인간다운 특성, 즉 '인간성'에 대한 사전적 정의는 타인에게 공감하고 배려하는 것, 즉 '연민을 표하는 것'이다.[34] 그리고 이것이 바로 우리의 장례 의식이 하는 일이다. 우리는 이 세상에 혼자 태어나지 않았으며, 이 세상을 홀로 남겨두어서도 안 된다. 많은 장례 의식은 기존의 사회적 관계의 연장이다. 식인종으로 와전된 와리족(69쪽 참조)은 '우리는 몸을 통해 출생과 혈연뿐만 아니라 먹이고, 품고, 단장하고, 껴안고, 사랑하고, 치유하고, 일하는 등 일상생활 속에서 주고받는 다양한 형태의 사회성과 돌봄을 통해 서로 연결된다'는 것을 잘 이해하고 있었다.[35] 이러한 의무, 존중, 상호 호혜의 정신으로 얽히고설킨 우리는, 표면적으로는 죽은 자를 기리고 돕기 위해 의식을 치르지만 그런 의식을 거행함으로써 우리 자신과 서로를 돕는다.

이런 의식들은 종종 추상적으로 느껴지지만, 어느 때가 되면 구체적으로 체감하는 순간이 온다. 로스앤젤레스 타임스의 칼럼니스트 프랭크 숑은 할머니가 돌아가신 후 모든 것이 명확해진 순간을 이렇게 묘사한다. "영원히 작별 인사를 하는 게 너무 힘들어서 이 향을 피웁니다. 차라리 '내년에 보자'라고 말하는 게 더 쉬울 겁니다. 그 후에도 해마다 계속해서 말이지요."[36] 죽음을 받아들인다고 해서 작별 인사가 더 쉬워지는 것은 아니지만, 언젠가는 이런 장례 의식의 의미를 알게 되고, 그것이 위로와 안도감을 주며, 우리에게 필요한 무언가가 될 때가 올 것이다. 우리는 죽음 이후에 무슨 일이 일어나는지(혹은 아무 일도 일어나지 않는지조차) 확실히 알 수 없다. 하지만 한 가지는 확실하다. 사랑하는 사람들이 세상을 떠나면 우리는 그들을 그리워할 것이고, 우리 차례가 되면 그들도 우리를 그리워할 것이라는 사실이다. 비록 우리의 삶이 때로는 즐겁고 때로는 괴로웠을지라도…

그게 바로 인생이니까.

참고 자료

Death 죽음: 죽음에 대한 소고

1. Joseph Campbell and Bill D. Moyers, *The Power of Myth*, ed. Betty Sue Flowers (Turtleback Books, 2012), xi.
2. Anthony F. C. Wallace, *Religion: An Anthropological View* (Random House, 1966), 61.
3. Milton Cohen, "Death Ritual: Anthropological Perspectives," 1, http://www.qcc.cuny.edu/SocialSciences/ppecorino/DeathandDying_TEXT/Death%20Ritual.pdf.
4. Michaeleen Doucleff, "So You Think You Know All About the Plague?," *Goats and Soda* (NPR blog), February 14, 2024, https://www.npr.org/sections/goatsandsoda/2024/02/14/1231215446/so-you-think-you-know-all-about-the-plague.
5. US Census Bureau, "World War I Casualties," 2011, https://www.census.gov/history/pdf/reperes112018.pdf.
6. 1968년 하버드 의대의 한 위원회가 '돌이킬 수 없는 혼수상태의 정의'라는 획기적인 보고서를 발표하면서 현재 '뇌사'로 알려진 상태가 좀 더 구체적으로 정립되었다.
7. Rob Stein, "Debate Simmers Over When Doctors Should Declare Brain Death," *Shots* (NPR blog), February 11, 2024, https://www.npr.org/sections/health-shots/2024/02/11/1228330149/brain-death-definition.
8. National Conference of Commissioners on Uniform State Laws, Uniform Determination of Death Act, 2, https://www.uniformlaws.org/viewdocument/final-act-49.
9. Stein, "Debate Simmers Over When Doctors Should Declare Brain Death."
10. Paul Koudounaris, *Memento Mori: The Dead Among Us* (Thames & Hudson, 2015, 18).
11. David San Filippo, "Religious Interpretations of Death, Afterlife & NDEs" (Faculty Publications, National Louis University, January 2006), 7, https://digitalcommons.nl.edu/cgi/viewcontent.cgi?article=1031&context=faculty_publications.
12. Caitlin Doughty, *From Here to Eternity: Traveling the World to Find the Good Death* (W. W. Norton & Company, 2017), 36.
13. James Gire, "How Death Imitates Life: Cultural Influences on Conceptions of Death and Dying," *Online Readings in Psychology and Culture* 6, no. 2 (December 2014): 4, https://doi.org/10.9707/2307-0919.1120.
14. Brian Switek, *Skeleton Keys: The Secret Life of Bone* (Penguin, 2020), 140–41.
15. Pat Lee Shipman, "The Bright Side of the Black Death," *American Scientist*, February 6, 2017, https://www.americanscientist.org/article/the-bright-side-of-the-black-death.
16. Joanna Ebenstein, *Death: A Graveside Companion* (National Geographic Books, 2017), 215–16.
17. Jeremie Zulaski, "Lord of Death, Yogin, Demon: Tracing the Iconographic Symbolism of Yama from the Rig Veda into Tibetan Buddhism" (working paper, University of Wales Trinity Saint David, January 2017), 6–14, https://doi.org/10.13140/RG.2.2.24060.21128.
18. Donald B. Redford, ed., *The Oxford Essential Guide to Egyptian Mythology* (Berkley Books, 2003), 306.
19. Franz Boas, "The Origin of Death," *Journal of American Folklore* 30, no. 118 (1917): 486, https://doi.org/10.2307/534498.
20. *Merriam-Webster Dictionary*, "superstition," accessed September 9, 2024, https://www.merriam-webster.com/dictionary/superstition.
21. Richard Webster, *The Encyclopedia of Superstitions* (Llewellyn Worldwide, 2012), 182.
22. Madeline Diamond, "20 Bizarre Superstitions from Around the World and the Meaning Behind Them," *Business Insider*, September 27, 2018, https://www.businessinsider.com/superstitions-around-the-world-2017-9#japan-tucking-in-your-thumbs-in-a-cemetery-9.
23. Izzo, Jack. "Did Mass Cat Killings Help Spread the Black Death in the Middle Ages?" Snopes, November 8, 2023. https://www.snopes.com/news/2023/11/08/cats-mass-killings-plague/.
24. Elizabeth Yuko, "Why Black Cats Are Associated with Halloween and Bad Luck," History, October 13, 2021, https://www.history.com/news/black-cats-superstitions.
25. Colin Dickey, "Behind the Draped Mirror," *Hazlitt*, September 28, 2015, https://hazlitt.net/feature/behind-draped-mirror; and Aaron Homer, "The Cultural Significance of Covering Mirrors After Death," *Grunge*, July 21, 2022, https://www.grunge.com/936219/the-cultural-significance-of-covering-mirrors-after-death/.
26. Webster, *Encyclopedia of Superstitions*, 40.

Dead 사람이 죽으면: 우리가 죽으면 일어나는 일

1. Philip Lieberman, *Uniquely Human: The Evolution of Speech, Thought, and Selfless Behavior* (Harvard University Press, 1991), 162–63.
2. 좀 더 구체적으로 말하자면, 뼈들은 5만 년에서 5만 8,000년 전의 것으로 추정된다. Lorna Tilley, "Care Among the Neandertals: La Chapelle-aux-Saints 1 and La Ferrassie 1 (Case Study 2)," in *Theory and Practice in the Bioarchaeology of Care* (Springer, 2015): 219–57, https://link.springer.com/chapter/10.1007/978-3-319-18860-7_9.
3. Brian Switek, *Skeleton Keys: The Secret Life of Bone* (Penguin, 2020), 139–40.
4. Qian Sun and Xuguo Zhou, "Corpse Management in Social Insects," *International Journal of Biological Sciences* 9, no. 3 (March 2013): 313–21, https://www.ijbs.com/v09p0313.htm.
5. "Kenya Elephant Buries Its Victims," *BBC News*, last updated June 18, 2004, http://news.bbc.co.uk/2/hi/africa/3818833.stm.
6. Greg Melville, *Over My Dead Body: Unearthing the Hidden History of America's Cemeteries* (Abrams Press, 2022), 13.
7. 면도칼로 발바닥을 자르거나, 발톱 밑에 바늘을 꽂거나, 젖꼭지를 꼬집거나, 뜨겁게 달군 부지깽이를 항문에 꽂는 등의 행위들(이 외에 다른 행위도 있음)이 포함된다. Mary Roach, *Stiff: The Curious Lives of Human Cadavers* (W. W. Norton & Company, 2003), 171.

8   Joshua Foer, Ella Morton, and Dylan Thuras, *Atlas Obscura: An Explorer's Guide to the World's Hidden Wonders*, 2nd ed. (Workman Publishing Company, 2019), 392.
9   Melville, *Over My Dead Body*, 2.
10 Caitlin Doughty, *From Here to Eternity: Traveling the World to Find the Good Death* (W. W. Norton & Company, 2017), 145.
11 "Manage the Burial," MyLegacy@LifeSG, accessed January 28, 2022, https://mylegacy.life.gov.sg/when-death-happens/manage-the-burial/.
12 Sally Hayden, "Ghanaian Funerals: Themed Coffins and Dancing Pallbearers," *Irish Times*, May 17, 2022.
13 Kristin Otto, "Shapes of the Ancestors: Bodies, Animals, Art, and Ghanaian Fantasy Coffins," *Museum Anthropology Review* 13, no. 1–2 (March 2019): 49, https://doi.org/10.14434/mar.v13i1.26580.
14 Regula Tschumi and Michael Foster, "The Figurative Palanquins of the Ga: History and Significance." *African Arts* 46, no. 4 (Winter 2013): 60.
15 Tschumi and Foster, "The Figurative Palanquins of the Ga," 62–67.
16 Hayden, "Ghanaian Funerals."
17 Dennis B. Batangan et al., *The Road to Empowerment: Strengthening the Indigenous Peoples Rights Act*, ed. Yasmin D. Arquiza, vol. 2, *Nurturing the Earth, Nurturing Life* (International Labour Organization, 2007), 4, https://www.ilo.org/sites/default/files/wcmsp5/groups/public/@asia/@ro-bangkok/@ilo-manila/documents/publication/wcms_124793.pdf.
18 Foer, Morton, and Thuras, *Atlas Obscura*, 177.
19 Asia Featured, "The Hanging Coffins of Sagada," streamed on April 26, 2020, YouTube video, 3:46, https://www.youtube.com/watch?v=myEFOgmE1VI&ab_channel=AsiaFeatured.
20 Richard Collett, "Dark Tourism: The Hanging Coffins of Sagada," Travel Tramp, November 8, 2019, https://www.travel-tramp.com/hanging-coffins-of-sagada-philippines/.
21 Collett, "Dark Tourism."
22 Ella Cara Deloria, *The Dakota Way of Life* (University of Nebraska Press, 2022), 163–65.
23 Melville, *Over My Dead Body*, 30.
24 Melville, 31.
25 Logan Jaffe, "Remains of Thousands of Native Americans Were Returned in 2023," *ProPublica*, December 26, 2023, https://www.propublica.org/article/repatriation-progress-in-2023.
26 "US Indian Boarding School History," National Native American Boarding School Healing Coalition, February 13, 2018, https://boardingschoolhealing.org/education/us-indian-boarding-school-history/.
27 Associated Press, "U.S. Report Identifies Burial Sites Linked to Boarding Schools for Native Americans," NPR, May 11, 2022, https://www.npr.org/2022/05/11/1098276649/u-s-report-details-burial-sites-linked-to-boarding-schools-for-native-americans.
28 Erin Blakemore, "A Century of Trauma at U.S. Boarding Schools for Native American Children," *National Geographic*, July 9, 2021, https://www.nationalgeographic.com/history/article/a-century-of-trauma-at-boarding-schools-for-native-american-children-in-the-united-states.
29 James Stevens Curl, *A Celebration of Death: An Introduction to Some of the Buildings, Monuments, and Settings of Funerary Architecture in the Western European Tradition* (Constable & Co., 1980), 25.
30 Leo Benedictus, "Where in the World Is It Illegal to Die?," *Guardian*, September 30, 2015, https://www.theguardian.com/cities/2015/sep/30/where-in-the-world-is-it-illegal-to-die.
31 Francois Pieter Retief and Louise Cilliers, "Burial Customs, the Afterlife and the Pollution of Death in Ancient Greece," *Acta Theologica* 26, no. 2 (March 2006): 44–61, https://doi.org/10.4314/actat.v26i2.52560.
32 Retief and Cilliers, "Burial Customs," 44.
33 Retief and Cilliers, 53–55.
34 Department of Greek and Roman Art, "Death, Burial, and the Afterlife in Ancient Greece," Metropolitan Museum of Art, October 2003, https://www.metmuseum.org/toah/hd/dbag/hd_dbag.htm.
35 Radcliffe G. Edmonds III, "Underworld," *Oxford Classical Dictionary* (online), April 26, 2019, https://doi.org/10.1093/acrefore/9780199381135.013.8062.
36 "Cultural Objects Names Authority Iconography Display," accessed June 30, 2024, http://vocab.getty.edu/page/ia/901000317.
37 "Religious Composition by Country, 2010–2050," Pew Research Center, December 21, 2022, https://www.pewresearch.org/religion/interactives/religious-composition-by-country-2010-2050/.
38 로마 가톨릭, 개신교, 동방 정교회 등을 예로 들 수 있다.
39 고린도전서 6:19.
40 로마서 8:23; 고린도전서 15:52–53; 요한계시록 21:4–5, 22:1–5.
41 Raymond Angelo Belliotti, *Dante's Deadly Sins: Moral Philosophy in Hell* (Wiley–Blackwell, 2011), 23–46.
42 Douglas O. Linder, "Questions & Answers Concerning Indulgences," UMKC School of Law, accessed September 9, 2024, https://famous-trials.com/luther/295-indulgences.
43 Jon G. Hughes with Sophie Gallagher, *Witches, Druids, and Sin Eaters: The Common Magic of the Cunning Folk of the Welsh Marches* (Destiny Books, 2022), 242–44.
44 "Religious Composition by Country, 2010–2050."
45 A. R. Gatrad, "Muslim Customs Surrounding Death, Bereavement, Postmortem Examinations, and Organ Transplants," *BMJ* 309, no. 6953 (August 1994): 521, https://doi.org/10.1136/bmj.309.6953.521.
46 Jack Hartnell, *Medieval Bodies: Life, Death and Art in the Middle Ages* (Profile Books, 2018), 118.
47 Melville, *Over My Dead Body*, 18.
48 Melville, 18.
49 "Mausoleum of the First Qin Emperor," UNESCO World Heritage Convention, accessed September 9, 2024, https://whc.unesco.org/en/list/441/.
50 Zhixin Jason Sun, *Age of Empires: Art of the Qin and Han Dynasties* (Metropolitan Museum of Art, 2017), 80–82.
51 Elizabeth Quill, "Were the Terracotta Warriors Based on Actual People?," *Smithsonian*, March 2015, https://www

52 Melville, *Over My Dead Body*, 17.
53 John Roach, "Emperor Qin's Tomb," *National Geographic*, October 9, 2009, https://www.nationalgeographic.com/history/article/emperor-qin.
54 쉬저우박물관에 소장되어 있는 쉬저우 사자산의 석상 병사들 참조. https://www.xzmuseum.com/ecollection_detail.aspx?id=19467.
55 "The Viking Age," National Museum of Denmark, 2015, https://en.natmus.dk/historical-knowledge/denmark/prehistoric-period-until-1050-ad/the-viking-age/.
56 Stefan Brink and Neil Price, eds., *The Viking World* (Routledge, 2011), 261.
57 Thomas A. DuBois, *Nordic Religions in the Viking Age* (University of Pennsylvania Press, 1999), 79–80.
58 Brink and Price, *Viking World*, 258–59.
59 노르웨이에 위치한 유적인 '라크니 고분(Rakni's Mound)'에서 볼 수 있다.
60 Hilda E. Davidson, "Valkyries," in *Medieval Folklore: An Encyclopedia of Myths, Legends, Tales, Beliefs, and Customs*, ed. Carl Lindahl (ABC-CLIO, 2000), 1014–15.
61 Brink and Price, *Viking World*, 266.
62 Thorleif Sjøvold, *The Oseberg Find and the Other Viking Ship Finds* (Universitetets Oldsaksamling, 1963), 10.
63 Sjøvold, *Oseberg Find*, 32.
64 DuBois, *Nordic Religions*, 73–74.
65 "Bucket of yew wooden, with brass and iron decoration. Inside they found a wooden ladle and 6 or 7 wild apples. Found in the Tomb of the Oseberg Ship. 9th century. Viking Ship Museum. Oslo. Norway," Alamy, accessed January 8, 2025, https://www.alamy.com/bucket-of-yew-wooden-with-brass-and-iron-decoration-inside-they-found-a-wooden-ladle-and-6-or-7-wild-apples-found-in-the-tomb-of-the-oseberg-ship-9th-century-viking-ship-museum-oslo-norway-image231217228.html.
66 "The Collection," Museum of the Viking Age, accessed January 8, 2025, https://www.vikingtidsmuseet.no/english/the-collection.
67 Nina Kristiansen, "This bucket remained buried in a Viking grave for 1,000 years, but is in excellent condition," ScienceNorway.no, January 12, 2024, accessed January 8, 2025, https://www.sciencenorway.no/archaeology-history-viking-age/this-bucket-remained-buried-in-a-viking-grave-for-1000-years-but-is-in-excellent-condition/2308233.
68 Loren Rhoads, *199 Cemeteries to See Before You Die* (Running Press, 2017), 152.
69 "Our Story," Green-Wood, 2011, https://www.green-wood.com/about-history/.
70 Melville, *Over My Dead Body*, 63–64.
71 Rhoads, *199 Cemeteries*, 159.
72 "Okunoin Temple," Japan Guide, 2023, https://www.japan-guide.com/e/e4901.html.
73 J. E. Cirlot, *A Dictionary of Symbols* (Courier Corporation, 2013), 105.
74 "Mungo Lady," National Museum of Australia, updated September 28, 2022, https://www.nma.gov.au/defining-moments/resources/mungo-lady.
75 Doughty, *From Here to Eternity*, 20.
76 Melville, *Over My Dead Body*, 194.
77 Melville, 195.
78 Roach, *Stiff*, 259.
79 Melville, *Over My Dead Body*, 195.
80 Melville, 199.
81 The Wise Apple, "The Ecological Benefits of Fire," *National Geographic*, last updated August 15, 2024, https://education.nationalgeographic.org/resource/ecological-benefits-fire/.
82 힌두교 화장은 전통적으로 남성이 참석하고 집전하지만, 힌두교 경전 어디에도 여성이 이러한 임종 의식을 목격하고 참여하는 것을 금지해야 한다는 내용은 없다. 이후 많은 여성들이 이 시대에 뒤떨어진 생각에 반발하기 시작했다. Geeta Pandey, "Mandira Bedi: What Hindu Scriptures Say About Women at Cremations," *BBC News*, July 20, 2021, https://www.bbc.com/news/world-asia-india-57894855.
83 David Arnold, *Burning the Dead: Hindu Nationhood and the Global Construction of Indian Tradition* (University of California Press, 2021), 8.
84 Doughty, *From Here to Eternity*, 36–37.
85 Pete McBride, "The Pyres of Varanasi: Breaking the Cycle of Death and Rebirth," *National Geographic*, August 7, 2014, https://www.nationalgeographic.com/photography/article/the-pyres-of-varanasi-breaking-the-cycle-of-death-and-rebirth.
86 James Pasley, "Inside Varanasi, India's Holy 'City of Death,' Where People Hoping to Break the Hindu Cycle of Rebirth Go to Die," *Business Insider*, June 2, 2023, https://www.businessinsider.com/photos-varanasi-india-city-of-death-tourism-2023-6.
87 Doughty, *From Here to Eternity*, 29.
88 Sreya Panuganti, "Come Hell or Holy Water," *Corporate Knights* 16, no. 3 (Summer 2017): 51, https://www.jstor.org/stable/26789209.
89 Oliver Franklin-Wallis, "Inside India's Gargantuan Mission to Clean the Ganges River," *Wired*, November 30, 2023, https://www.wired.com/story/india-ganges-river-clean-project/.
90 Andrew Bernstein, "Fire and Earth: The Forging of Modern Cremation in Meiji Japan," *Japanese Journal of Religious Studies* 27, no. 3/4 (Fall 2000): 297–98, http://www.jstor.org/stable/30233668.
91 Anna Hiatt, "The History of Cremation in Japan," *JSTOR Daily*, September 9, 2015, https://daily.jstor.org/history-japan-cremation/.
92 Bernstein, "Fire and Earth," 298.
93 Bernstein, 298.
94 Motoko Rich, "Crematory Is Booked? Japan Offers Corpse Hotels," *The New York Times*, July 1, 2017, https://www.nytimes.com/2017/07/01/world/asia/japan-corpse-hotels.html.
95 Leo Lewis, "Corpse Hotels Cater to Japan's Waiting Dead," *Financial Times*, November 7, 2018, https://www.ft.com/content/99e43d70-e1b2-11e8-8e70-5e22a430c1ad.
96 Doughty, *From Here to Eternity*, 169–70.
97 James Gire, "How Death Imitates Life: Cultural Influences on Conceptions of Death and Dying," *Online Readings in*

98 Gire, "How Death Imitates Life," 9–10.
99 The Mainichi Newspapers. "Nearly Half Say Maintaining Graves Is Hard Work: Japan Firm's Survey." *The Mainichi*, September 24, 2024. https://mainichi.jp/english/articles/20240921/p2a/00m/0na/018000c.
100 Doughty, *From Here to Eternity*, 186.
101 Melville, *Over My Dead Body*, 195–96.
102 Caitlin Doughty, "What Happens to a Body During Cremation?," streamed on April 13, 2018, YouTube video, 6:42, https://www.youtube.com/watch?v=6TSFX-hFglk&ab_channel=CaitlinDoughty.
103 Joseph Campbell and Bill D. Moyers, *The Power of Myth*, ed. Betty Sue Flowers (Turtleback Books, 2012), 218.
104 어쨌든 사람이 직접 사람을 키워서 먹도록 진화하지 않은 데에는 여러 가지 이유가 있는데, 그중 하나는 사람은 영양가가 낮아서 굳이 사냥해 요리할 가치가 없었기 때문이다.
105 Josh Davis, "Oldest Evidence of Human Cannibalism as a Funerary Practice," Natural History Museum, October 4, 2023, https://www.nhm.ac.uk/discover/news/2023/october/oldest-evidence-of-human-cannibalism-as-a-funerary-practice.html.
106 Lisa Hendry, "The Cannibals of Gough's Cave," Natural History Museum, December 19, 2017, https://www.nhm.ac.uk/discover/the-cannibals-of-goughs-cave.html.
107 Davis, "Oldest Evidence of Human Cannibalism as a Funerary Practice."
108 Ben Thomas, "Eating People Is Wrong—but It's Also Widespread and Sacred," *Sapiens*, April 20, 2017, https://www.sapiens.org/biology/cannibalism-ritualized-sacred/.
109 Abby Riehl, "'The Bread of Life': Exploring Ritualistic Cannibalism," *Epoch*, September 2020, https://www.epoch-magazine.com/riehlthebreadoflife.
110 P. Kenneth Himmelman, "The Medicinal Body: An Analysis of Medicinal Cannibalism in Europe, 1300–1700," *Dialectical Anthropology* 22, no. 2 (June 1997): 197, http://www.jstor.org/stable/29790453.
111 이러한 관행은 당나라(서기 618~907년) 시기에 처음 기록되었으며, 이후 대중화되어 16세기와 17세기에 이르러서는 효도의 문화로 자리 잡았다. Jimmy Yu, *Sanctity and Self-Inflicted Violence in Chinese Religions, 1500–1700* (Oxford University Press, 2012), https://doi.org/10.1093/acprof:oso/9780199844906.001.0001.
112 Beth A. Conklin, *Consuming Grief: Compassionate Cannibalism in an Amazonian Society* (University of Texas Press, 2001), 4.
113 Caitlin Doughty, *Smoke Gets in Your Eyes: And Other Lessons from the Crematory* (W. W. Norton & Company, 2014), 67–68.
114 Thomas, "Eating People Is Wrong."
115 Conklin, *Consuming Grief*, xvi–xvii.
116 Doughty, *Smoke Gets in Your Eyes*, 69.
117 Conklin, *Consuming Grief*, xvii–xviii.
118 Conklin, xix–xxi.
119 Conklin, xvii–xviii.
120 Conklin, xix.
121 Doughty, *Smoke Gets in Your Eyes*, 82.
122 Sangye Khadro, *Preparing for Death and Helping the Dying: A Buddhist Perspective* (Kong Meng San Phor Kark See Monastery, 1999; repr., 2005), 23. The page citation refers to the reprint.
123 Doughty, *Smoke Gets in Your Eyes*, 224–225.
124 Jivanji Jamshedji Modi, *The Funeral Ceremonies of the Parsees: Their Origin and Explanation*, 4th ed. (Fort Printing Press, 1928), https://www.avesta.org/ritual/funeral.htm.
125 Bachi Karkaria, "Death in the City: How a Lack of Vultures Threatens Mumbai's 'Towers of Silence,'" *Guardian*, January 26, 2015, https://www.theguardian.com/cities/2015/jan/26/death-city-lack-vultures-threatens-mumbai-towers-of-silence.
126 Karkaria, "Death in the City."
127 Karkaria, "Death in the City."
128 Karkaria, "Death in the City."
129 Doughty, *Smoke Gets in Your Eyes*, 222.
130 Elliot Hannon, "Vanishing Vultures a Grave Matter for India's Parsis," NPR, September 5, 2012, https://www.npr.org/2012/09/05/160401322/vanishing-vultures-a-grave-matter-for-indias-parsis.
131 "Disposition Statistics for Media," Green Burial Council, December 29, 2023, https://www.greenburialcouncil.org/disposition-statistics-media.html.
132 "Disposition Statistics for Media."
133 Michael J. Coren, "Comparing Green Funeral Options, from Composting to Natural Burial to Water Cremation," *Washington Post*, January 31, 2023, https://www.washingtonpost.com/climate-environment/2023/01/31/green-funeral-options-cremation-burial/.
134 Roach, *Stiff*, 261–62.
135 Roach, 264–65.
136 Nora McGreevy, "What Did Tollund Man, One of Europe's Famed Bog Bodies, Eat Before He Died?," *Smithsonian*, July 22, 2021, https://www.smithsonianmag.com/smart-news/tollund-man-europe-bog-body-meal-food-history-mummy-180978247/.
137 Elise Cutts, "These Mummies Were Made . . . by Accident?," *National Geographic*, August 7, 2023, https://www.nationalgeographic.com/science/article/natural-mummies-accident.
138 Cutts, "These Mummies Were Made."
139 National Geographic Staff, "Frozen Inca Mummy Goes on Display," *National Geographic*, September 11, 2007, https://www.nationalgeographic.com/science/article/news-inca-argentina-la-doncella-sacrifice-archaeology.
140 McGreevy, "What Did Tollund Man, One of Europe's Famed Bog Bodies, Eat Before He Died?"
141 Erich Brenner, "Human Body Preservation—Old and New Techniques," *Journal of Anatomy* 224, no. 3 (March 2014): 316–44, https://doi.org/10.1111/joa.12160.
142 Juan Francisco Riumalló, "The Ancient Mummies Older than Egypt's," *BBC Travel*, May 20, 2022, https://www.bbc.com/travel/article/20220519-chiles-desert-town-built-on-mummies.

143 Doughty, *From Here to Eternity*, 85.
144 Nicholas St. Fleur, "How to Make a Mummy (Accidentally)," *The New York Times*, June 2, 2017, https://www.nytimes.com/2017/06/02/science/spontaneous-mummification.html.
145 Hartnell, *Medieval Bodies*, 47.
146 David Farley, "The Bone Collectors," *Slate*, October 20, 2009, https://slate.com/human-interest/2009/10/it-s-time-to-bring-relics-back-to-the-catholic-church.html.
147 Charles Freeman, *Holy Bones, Holy Dust: How Relics Shaped the History of Medieval Europe* (Yale University Press, 2011), xiii–xiv.
148 Hartnell, *Medieval Bodies*, 175.
149 Switek, *Skeleton Keys*, 144.
150 Hartnell, *Medieval Bodies*, 49–50.
151 "Tomb of St. Catherine of Siena," Basilica Santa Maria Sopra Minerva, April 15, 2019, https://www.santamaria-sopraminerva.it/en/5-tomb-of-st-catherine-of-siena.html.
152 "Facing the Past: The Jericho Skull," British Museum (website), January 17, 2017, https://www.britishmuseum.org/blog/facing-past-jericho-skull.
153 Jennifer Billock, "This Austrian Ossuary Holds Hundreds of Elaborately Hand-Painted Skulls," *Smithsonian*, September 15, 2017, https://www.smithsonianmag.com/travel/hallstatt-bones-house-hand-painted-skulls-180964736/.
154 Doughty, *From Here to Eternity*, 190.
155 Doughty, 191.
156 안데스산맥의 토착 사회, 특히 칠레, 페루, 볼리비아, 콜롬비아, 에콰도르에 걸쳐 있던 잉카 제국의 지배나 영향을 받았던 사회를 지칭한다.
157 Christine Bednarz, "See Bolivia's Celebration of Human Skulls," *National Geographic*, December 17, 2018, https://www.nationalgeographic.com/travel/article/la-paz-natitas-things-to-do-skull-festival-cemetery.
158 Rachel Nuwer, "Meet the Celebrity Skulls of Bolivia's Fiesta de Las Ñatitas," *Smithsonian*, November 17, 2015, https://www.smithsonianmag.com/arts-culture/meet-celebrity-skulls-bolivias-fiesta-de-las-natitas-180957289/.
159 Bednarz, "See Bolivia's Celebration of Human Skulls."
160 Nuwer, "Meet the Celebrity Skulls of Bolivia's Fiesta de Las Ñatitas."
161 Nuwer, "Meet the Celebrity Skulls of Bolivia's Fiesta de Las Ñatitas."
162 Koudounaris, *Memento Mori*, 159–160.
163 "Egyptian Mummies," Smithsonian Institution, October 8, 2017, https://www.si.edu/spotlight/ancient-egypt/mummies.
164 예를 들어 고양이는 바스테트 여신, 매는 호루스, 아피스 황소는 오시리스와 관련이 있다. "Egyptian Animals Were Mummified Same Way as Humans,"*National Geographic*, September 15, 2004, https://www.nationalgeographic.com/science/article/news-egyptian-animals-mummies-archaeology.
165 "Egyptian Mummies."
166 기원전 16세기에서 11세기까지 18, 19, 20번째 왕조를 아우르는 이집트의 황금기.
167 "Canopic Jar," 664–525 BCE, limestone and paint, 11 x 6 ⅛ in., Metropolitan Museum of Art, New York, object no. 12.183.1a.1, .2, https://www.metmuseum.org/art/collection/search/550773.
168 Francesco Carelli, "The Book of Death: Weighing Your Heart," *London Journal of Primary Care* 4, no. 1 (July 2011): 87–88, https://doi.org/10.1080/17571472.2011.11493336.
169 Bill Schutt, *Cannibalism: A Perfectly Natural History* (Algonquin Books, 2018), 216.
170 Roach, *Stiff*, 223.
171 Mariel Carr, "Mummies and the Usefulness of Death," Science History Institute Museum & Library, October 13, 2014, accessed January 8, 2025, https://www.sciencehistory.org/stories/magazine/mummies-and-the-usefulness-of-death/.
172 Anita Pisch, "The Phenomenon of the Personality Cult—a Historical Perspective," in *The Personality Cult of Stalin in Soviet Posters, 1929–1953: Archetypes, Inventions and Fabrications* (ANU Press, 2016), 53, http://www.jstor.org/stable/j.ctt1q1crzp.7.
173 Pisch, "The Phenomenon of the Personality Cult," 55.
174 Robert C. Tucker, "The Rise of Stalin's Personality Cult," *American Historical Review* 84, no. 2 (April 1979): 347, https://doi.org/10.2307/1855137.
175 Daria Litvinova, "Lenin Lab: The Team Keeping the First Soviet Leader Embalmed," *Guardian*, May 9, 2016, https://www.theguardian.com/world/2016/may/09/lenin-lab-team-keeping-first-soviet-leader-embalmed-moscow.
176 "Preserving Chairman Mao: Embalming a Body to Maintain a Legacy," *Guardian*, September 11, 2016, https://www.theguardian.com/world/2016/sep/11/preserving-chairman-mao-embalming-a-body-to-maintain-a-legacy.
177 Marianka Swain, "The Strange, Grisly Saga of Eva Perón's Corpse," *Telegraph*, July 25, 2022, https://www.telegraph.co.uk/tv/0/strange-grisly-saga-eva-Peróns-corpse/.
178 Linda Pressly, "The 20-Year Odyssey of Eva Perón's Body," *BBC News*, June 26, 2012, https://www.bbc.com/news/magazine-18616380.
179 그는 1946년부터 1952년까지, 다시 1952년부터 1955년까지, 그리고 마지막으로 1973년부터 1974년 사망할 때까지 아르헨티나 대통령을 역임했다.
180 Alexander Craig, "Perón and Peronism: Personalism Personified," *International Journal* 31, no. 4 (Autumn 1976): 708, https://doi.org/10.2307/40201381.
181 Koudounaris, *Memento Mori*, 131.
182 "The Capuchin Catacombs," Palermo Catacombs (website), September 10, 2014, https://www.palermocatacombs.com/.
183 Foer, Morton, and Thuras, *Atlas Obscura*, 60.
184 Foer, Morton, and Thuras, 60.
185 "The Capuchin Catacombs."
186 Doughty, *From Here to Eternity*, 45.
187 Hayley Campbell, *All the Living and the Dead: A Personal Investigation into the Death Trade* (Raven Books, 2022), 139.
188 Doughty, *From Here to Eternity*, 74–75.
189 Doughty, 50.
190 Anastasia Baan, Markus Deli Girik Allo, and Andi Anto Patak, "The Cultural Attitudes of a Funeral Ritual Discourse in the Indigenous Torajan, Indonesia," *Heliyon* 8, no. 2 (February 2022), https://doi.org/10.1016/j.heliyon.2022.e08925.
191 Foer, Morton, and Thuras, *Atlas Obscura*, 166.
192 Foer, Morton, and Thuras, 166.
193 Koudounaris, *Memento Mori*, 18.

194　Ken Jeremiah, *Living Buddhas: The Self-Mummified Monks of Yamagata, Japan* (McFarland, 2014), 11.
195　Jeremiah, *Living Buddhas*, 11.
196　Jeremiah, 12.
197　Foer, Morton, and Thuras, *Atlas Obscura*, 157.
198　Jeremiah, *Living Buddhas*, 12.
199　Jeremiah, 12.
200　Foer, Morton, and Thuras, *Atlas Obscura*, 157.
201　Melville, *Over My Dead Body*, 127.
202　Michael Washburn, "Decomposure," *UChicago Magazine*, March–April 2013, https://mag.uchicago.edu/law-policy-society/decomposure#.
203　Melville, *Over My Dead Body*, 118.
204　Campbell, *All the Living and the Dead*, 124–25.
205　Campbell, 124.
206　Melville, *Over My Dead Body*, 124.
207　Campbell, *All the Living and the Dead*, 125.
208　Doughty, 74.

Very Dead 그리운 사람: 죽은 이를 기억하는 방법

1　전체 인용문: "언젠가, 어쩌면 40년 후에는 나를 아는 사람이 아무도 남지 않을 것이다. 그때가 바로 내가 누구의 기억 속에도 존재하지 않는, 진정으로 죽은 때가 될 것이다. 나는 아주 나이 많은 어떤 사람이 자기 시대의 사람들이나 집단을 아는 마지막 생존자일 수 있다는 생각을 많이 한다. 그 사람이 죽으면 그 집단 전체도 죽어서 살아 있는 사람들의 기억에서 완전히 사라지게 되는 것이다. 나는 내게 있어 그 사람이 누구일까 궁금하다. 누가 나를 아는 마지막 사람이 될 것인가?"
2　Nigel Barley, *Grave Matters: A Lively History of Death Around the World* (Henry Holt & Co., 1997), 29.
3　Linda Sun Crowder, "Chinese Funerals in San Francisco Chinatown: American Chinese Expressions in Mortuary Ritual Performance," *Journal of American Folklore* 113, no. 450 (2000): 452, https://doi.org/10.2307/542042.
4　Harry Garlick, *The Final Curtain: State Funerals and the Theatre of Power* (Brill Rodopi, 1999), 1.
5　"State Funerals: United States of America," JTF-NCR/USAMDW, February 15, 2013, https://usstatefuneral.mdw.army.mil/.
6　Aaron Brown, "Funeral of Sir Winston Churchill: 50 Years Since Britain Buried Its Iconic Wartime Leader," *Express*, January 30, 2015, https://www.express.co.uk/news/history/554733/Sir-Winston-Churchill-State-Funeral-50-Anniversary-Wartime-Prime-Minister.
7　Joseph Campbell and Bill D. Moyers, *The Power of Myth*, ed. Betty Sue Flowers (Turtleback Books, 2012), xii.
8　Lisa Levy, "Women's Expressions of Grief, from Mourning Clothes to Memory Books," *JSTOR Daily*, December 10, 2014, https://daily.jstor.org/women-and-mourning/.
9　"Mourning—Indigenous Australia," Australian Museum, updated November 22, 2018, https://australian.museum/about/history/exhibitions/death-the-last-taboo/mourning-indigenous-australia/.
10　"Mourning Fashion," William L. Clements Library, July 22, 2019, https://clements.umich.edu/exhibit/death-in-early-america/mourning-fashion/.
11　Bernard Edem Dzramedo, Robert Ahiabor, and Richard Gbadegbe, "The Relevance and Symbolism of Clothes Within Traditional Institutions and Its Modern Impacts on the Ghanaian Culture," *Arts and Design Studies* 13 (2013): 9, https://www.iiste.org/Journals/index.php/ADS/article/view/8079.
12　Lee Kwang Kyu, "The Concept of Ancestors and Ancestor Worship in Korea," *Asian Folklore Studies* 43, no. 2 (1984): 202–3, https://doi.org/10.2307/1178009.
13　Demetrios Protopsaltis, *An Encyclopedic Chronology of Greece and Its History* (Xlibris Corporation, 2012), 142.
14　"Jewish Graves: Stones of Remembrance," Beth El Mausoleum, June 7, 2022, https://bethelmausoleum.org/2022/06/07/jewish-graves-stones-of-remembrance/.
15　Erin Blakemore, "Why Women Bring Their 'I Voted' Stickers to Susan B. Anthony's Grave," *Smithsonian*, updated October 28, 2020, https://www.smithsonianmag.com/smart-news/why-women-bring-their-i-voted-stickers-susan-b-anthonys-grave-180958847/.
16　KTRK-TV, "What Do Coins on Military Tombstones Mean?," ABC 7 Chicago, May 28, 2017, https://abc7chicago.com/memorial-day-coins-on-tombstone-tombstones-fallen-soldiers/2048071/.
17　"Why We Wear Poppies on Remembrance Day," Imperial War Museums, October 31, 2014, https://www.iwm.org.uk/history/why-we-wear-poppies-on-remembrance-day.
18　Jessica Roux, *Floriography: An Illustrated Guide to the Victorian Language of Flowers* (Andrews McMeel Publishing, 2020), 40–42.
19　Gretchen Scoble and Ann Field, *The Meaning of Flowers: Myth, Language & Lore* (Chronicle Books, 2014), 6.
20　Roux, *Floriography*, 133–35.
21　Vanessa Romo, "Why Marigolds, or Cempasúchil, Are the Iconic Flower of Día de Los Muertos," NPR, October 30, 2021, https://www.npr.org/2021/10/30/1050726374/why-marigolds-or-cempasuchil-are-the-iconic-flower-of-dia-de-los-muertos.
22　Amy McKeever, "How the Soulful Marigold Became an Icon, from Mexico to India," *National Geographic*, October 24, 2022, https://www.nationalgeographic.com/history/article/how-the-marigold-became-a-global-icon-from-mexico-to-india.
23　Joanna Ebenstein, *Death: A Graveside Companion* (Thames & Hudson, 2017), 337; and Caroline Walker Bynum and Paula Gerson, "Body-Part Reliquaries and Body Parts in the Middle Ages," *Gesta* 36, no. 1 (1997): 3–7, https://www.jstor.org/stable/767274.
24　Ebenstein, *Death*, 84. 이 부분은 프랫 연구소의 보석 모형 제작자이자 외래교수인 카렌 바흐만(Karen Bachmann)이 작성했다.
25　Marilyn A. Mendoza, "Death and Bereavement Among the Lakota," *Psychology Today*, October 7, 2017, https://www.psychologytoday.com/us/blog/understanding-grief/201710/death-and-bereavement-among-the-lakota.
26　Eve A. Hargrave et al., eds., *Transforming the Dead: Culturally Modified Bone in the Prehistoric Midwest* (University of Alabama Press, 2015), 256.

27 Jo Munnik and Katy Scott, "In Famadihana, Madagascar, a Sacred Ritual Unearths the Dead," CNN, updated March 27, 2017, https://www.cnn.com/2016/10/18/travel/madagascar-turning-bones/index.html.
28 Munnik and Scott, "In Famadihana, Madagascar, a Sacred Ritual Unearths the Dead."
29 Munnik and Scott, "In Famadihana, Madagascar, a Sacred Ritual Unearths the Dead."
30 Dan Waters, "Chinese Funerals: A Case Study," *Journal of the Hong Kong Branch of the Royal Asiatic Society* 31 (1991), 129–30, https://www.jstor.org/stable/23891029.
31 "Chinese Mythology: Da Shi Ye, the King of Hell," Xiao En, August 19, 2021, https://xiao-en.com/chinese-mythology-da-shi-ye-the-king-of-hell/.
32 Cheryl Sim, "Zhong Yuan Jie (Hungry Ghost Festival)," National Library Board Singapore, accessed September 10, 2024, https://www.nlb.gov.sg/main/article-detail?cmsuuid=fe14c69f-7d05-4844-abae-de842064f5ce.
33 Oscar Lopez, "What Is Day of the Dead, the Mexican Holiday?," *The New York Times*, October 31, 2023, https://www.nytimes.com/article/day-of-the-dead-mexico.html.
34 Ebenstein, *Death*, 214–15. 이 부분은 멕시코 영화 제작자이자 강사인 에바 아리지스(Eva Aridjis)가 작성했다.
35 Caitlin Doughty, *From Here to Eternity: Traveling the World to Find the Good Death* (W. W. Norton & Company, 2017), 94.
36 Ebenstein, *Death*, 214.
37 Doughty, *From Here to Eternity*, 84.
38 Chelsea Hylton, "The Meanings Behind the Items on the Día de Muertos Ofrenda," *Los Angeles Times*, October 25, 2023, https://www.latimes.com/delos/story/2023-10-25/ofrenda-altar-dia-de-muertos.
39 Liu, "Ancestral Altars."
40 Crowder, "Chinese Funerals in San Francisco Chinatown," 452.
41 "Treasures: Tusk," National Museum of African Art, 2008, https://africa.si.edu/exhibits/treasures2008/tusk3.html.
42 "The Kingdom of Benin," National Museum of African Art.
43 "Benin Bronzes," British Museum, July 2, 2021, https://www.britishmuseum.org/about-us/british-museum-story/contested-objects-collection/benin-bronzes.
44 Benin artist, "Rattle Staff," 1900s, wood and cowrie shells, 58 ⅞ x 2 ¹⁵⁄₁₆ x 3 ⅛, Cleveland Museum of Art, Cleveland, object no. 1998.85, https://www.clevelandart.org/art/1998.85.
45 Benin artist, "Head of an Oba," 19th century, brass and iron, 13 ¼ x 10 ¾ x 11 ⅛ in., Metropolitan Museum of Art, New York, object no. 1977.187.37, https://www.metmuseum.org/art/collection/search/310283.
46 "What Is Charye?," National Folk Museum of Korea, November 13, 2020, https://www.nfm.go.kr/english/subIndex/1046.do.
47 Na Sang-Hyeon and Sohn Dong-Joo, "Young Koreans Abandon Outdated Ancestral Rituals for Simple Gatherings," *Korea JoongAng Daily*, September 28, 2023, https://koreajoongangdaily.joins.com/news/2023-09-28/business/economy/Young-Koreans-abandon-outdated-ancestral-rituals-for-simple-gatherings/1875339.
48 Ebenstein, *Death*, 328.
49 Bryan Greene, "For Harry Houdini, Séances and Spiritualism Were Just an Illusion," *Smithsonian*, October 28, 2021, https://www.smithsonianmag.com/history/for-harry-houdini-seances-and-spiritualism-were-just-an-illusion-180978944/.
50 Grant Shreve, "When Women Channeled the Dead to Be Heard," JSTOR Daily, February 2, 2018, https://daily.jstor.org/when-women-channeled-the-dead-to-be-heard/.
51 Ebenstein, *Death*, p. 326. 이 부분은 가톨릭 유물과 기이한 것들에 대한 작가이자 강사인 엘리자베스 하퍼(Elizabeth Harper)가 작성했다.
52 Stephen Garrigues, "Shamanism in Korea," Korean Shamanism (website), February 15, 2016, https://shamanism.sgarrigues.net/.
53 George Lawton, "Spiritualism—a Contemporary American Religion," *Journal of Religion* 10, no. 1 (January 1930): 37–38, http://www.jstor.org/stable/1196951.
54 Theresa Bane, *Encyclopedia of Spirits and Ghosts in World Mythology* (McFarland, 2016).
55 Harriet Sherwood, "Church of England Could Seek to End Paupers' Funerals," *Guardian*, January 26, 2020, https://www.theguardian.com/society/2020/jan/26/church-of-england-could-seek-end-paupers-funerals.
56 Thomas Laqueur, "Bodies, Death, and Pauper Funerals," *Representations* 1 (February 1983): 109, https://doi.org/10.2307/3043762.
57 Doug Smith and Ruben Vives, "Homelessness Continues to Soar, Jumping 9% in L.A. County, 10% in the City," *Los Angeles Times*, June 29, 2023, https://www.latimes.com/california/story/2023-06-29/la-county-homelessness-unhoused-population-count-jumps-increase.
58 Caitlin Doughty, *Smoke Gets in Your Eyes: And Other Lessons from the Crematory* (W. W. Norton & Company, 2014), 202–3.
59 "Homeless Persons' Memorial Day," National Health Care for the Homeless Council, August 2, 2019, https://nhchc.org/consumers/events/homeless-persons-memorial-day/.
60 Waters, "Chinese Funerals," 104–34.
61 Doughty, *From Here to Eternity*, 165.
62 Colin Renfrew, "The Social Archaeology of Megalithic Monuments," *Scientific American* 249, no. 5 (November 1983): 152, http://www.jstor.org/stable/24969036.
63 Kiki Karoglou, "Ancient and Modern Colossal Statues: From Athena Parthenos to the Statue of Liberty," *Now at the Met* (blog), July 1, 2016, https://www.metmuseum.org/blogs/now-at-the-met/2016/ancient-and-modern-colossal-statues.
64 Rosemarie Trentinella, "Roman Portrait Sculpture: Republican Through Constantinian," *Heilbrunn Timeline of Art History* (blog), October 2003, https://www.metmuseum.org/toah/hd/ropo/hd_ropo.htm.
65 Tim Edensor, "The Haunting Presence of Commemorative Statues," *Ephemera: Theory & Politics in Organization* 19, no. 1 (2019): 56.
66 이 인용문은 당시 인디애나대학교-퍼듀대학교 포트웨인 캠퍼스의 인류학 교수였던 로렌스 A. 쿠즈나르(Lawrence A. Kuznar)가 한 말로 추정된다. "Historic

67 Philip Dwyer and Nikolas Orr, "Smashing Statues: Re-evaluating Iconoclasm in History," *English Historical Review* 138, no. 592 (June 2023): 429, https://doi.org/10.1093/ehr/cead100.

68 Gary Younge, "Why Every Single Statue Should Come Down," *Guardian*, June 1, 2021, https://www.theguardian.com/artanddesign/2021/jun/01/gary-younge-why-every-single-statue-should-come-down-rhodes-colston.

69 *Commemorative Naming in the United States* (US Geological Survey, 1999), https://pubs.usgs.gov/fs/1999/0158/report.pdf.

70 Maoz Azaryahu, "The Power of Commemorative Street Names," *Environment and Planning D: Society and Space* 14, no. 3 (June 1996): 312, https://doi.org/10.1068/d140311.

71 Azaryahu, "The Power of Commemorative Street Names," 319.

72 Azaryahu, 320.

73 Jim Kent, "South Dakota Leaders Object to Harney Peak Name Change," *Lakota Times*, August 18, 2016, https://www.lakotatimes.com/articles/south-dakota-leaders-object-to-harney-peak-name-change/.

74 Myriam Houssay-Holzschuch and Frédéric Giraut, *The Politics of Place Naming: Naming the World* (John Wiley & Sons, 2022), 30–31.

75 Brandon Ecoffey, "Solemn Ceremony Marks Black Elk Peak Renaming," *Lakota Times*, August 31, 2017, https://www.lakotatimes.com/articles/solemn-ceremony-marks-black-elk-peak-renaming/.

76 아이슬란드 같은 곳에서는 이름이 부계를 따른다. 즉, 자녀는 아버지(또는 경우에 따라 어머니)의 이름을 성으로 사용하고, 딸의 경우 -dóttir, 아들의 경우 -son이라는 접미사를 붙인다(당연하지 않은가). 예를 들어, 하랄두르 흐라인손(Haraldur Hreinsson)의 아들 올라푸르(Olafur)는 '흐라인슨(Hreinsson)'이 아니라 '하랄드 쏜(Haraldsson)'이라는 성을 사용한다.

77 Greg Melville, *Over My Dead Body: Unearthing the Hidden History of America's Cemeteries* (Abrams Press, 2022), 142.

78 "Tomb of the Unknown Soldier," US Department of Defense, November 9, 2021, https://www.defense.gov/multimedia/experience/tomb-of-the-unknown-soldier/.

79 "Tomb of the Unknown Soldier."

80 Dean and Chapter of Westminster, "Unknown Warrior," Westminster Abbey (website), June 12, 2018, https://www.westminster-abbey.org/abbey-commemorations/commemorations/unknown-warrior.

81 Centre des monuments nationaux, "The Unknown Soldier," Arc de Triomphe (website), July 11, 2023, https://www.paris-arc-de-triomphe.fr/en/discover/the-unknown-soldier.

82 Vittoriano e Palazzo Venezia, "The Tomb of the Unknown Soldier," VIVE, February 15, 2023, https://vive.cultura.gov.it/en/altar-fatherland/not-miss/tomb-unknown-soldier.

83 John Pike, "Monument to the Unknown Soldier," GlobalSecurity.Org, accessed September 12, 2024, https://www.globalsecurity.org/military/world/iraq/unknown-soldier-dg.htm.

84 Johan Åhr, "Memory and Mourning in Berlin: On Peter Eisenman's *Holocaust-Mahnmal* (2005)," *Modern Judaism* 28, no. 3 (2008): 285, http://www.jstor.org/stable/30133319.

85 "Vietnam Veterans Memorial," US Department of Defense, April 1, 2022, https://www.defense.gov/Multimedia/Experience/Vietnam-Veterans-Memorial/.

86 Richard Brody, "The Inadequacy of Berlin's 'Memorial to the Murdered Jews of Europe,'" *New Yorker*, July 12, 2012, https://www.newyorker.com/culture/richard-brody/the-inadequacy-of-berlins-memorial-to-the-murdered-jews-of-europe.

87 Steve Inskeep, "Vietnam Veterans' Memorial Founder: Monument Almost Never Got Built," NPR, April 30, 2015, https://www.npr.org/2015/04/30/403034599/vietnam-veterans-memorial-founder-monument-almost-never-got-built.

Living 삶: 죽음에 대한 기록

1 *The Fire Next Time* 참조. "James Baldwin Among the Philosophers," UChicago Library, April 19, 2021, https://www.lib.uchicago.edu/collex/exhibits/james-baldwin-among-philosophers/.

2 James Gire, "How Death Imitates Life: Cultural Influences on Conceptions of Death and Dying," *Online Readings in Psychology and Culture* 6, no. 2 (December 2014): 6, https://doi.org/10.9707/2307-0919.1120.

3 Gire, "How Death Imitates Life," 7.

4 서양뿐만 아니라 중국 문화권 역시 죽음에 대해 악명 높을 정도로 저항적이다.

5 Andrew Bernstein, "Fire and Earth: The Forging of Modern Cremation in Meiji Japan," *Japanese Journal of Religious Studies* 27, no. 3/4 (Fall 2000): 301, http://www.jstor.org/stable/30233668.

6 Impermanence, "What Is Death Cafe?" Death Cafe, September 9, 2013, https://deathcafe.com/what/.

7 Daewoung Kim and Youngseo Choi, "Dying for a Better Life: South Koreans Fake Their Funerals for Life Lessons," Reuters, November 6, 2019, https://www.reuters.com/article/lifestyle/dying-for-a-better-life-south-koreans-fake-their-funerals-for-life-lessons-idUSKBN1XG037/.

8 The Order of the Good Death, "Our Work," May 22, 2022, https://www.orderofthegooddeath.com/our-work.

9 Margareta Magnusson, *The Gentle Art of Swedish Death Cleaning: How to Free Yourself and Your Family from a Lifetime of Clutter* (Simon & Schuster, 2018).

10 Caitlin Doughty, *Smoke Gets in Your Eyes: And Other Lessons from the Crematory* (W. W. Norton & Company, 2014), 43.

11 Doughty, *Smoke Gets in Your Eyes*, 43.

12 Jennifer M. Strickland, *Palliative Pharmacy Care* (ASHP, 2014), 7.

13 Strickland, *Palliative Pharmacy Care*, 8–9.

14 Judith Garber, "The Medicalization of Death: What Does It Mean and What Can We Do About It?," Lown Institute, February 7, 2022, https://lowninstitute.org/how-death-became-medicalized-and-what-we-can-do-about-it/.

15 Sheri Fink, "Atul Gawande's 'Being Mortal,'" *The New York Times*, November 6, 2014, https://www.nytimes.com/2014/11/09/books/review/atul-gawande-being-mortal-review.html.

16 Abby Ellin, "'Death Doulas' Provide Aid at the End of Life," *The New York Times*, June 24, 2021, https://www.nytimes.com/2021/06/24/well/doulas-death-end-of-life.html.

17 일본의 사형수들은 사형 집행 당일에 집행 사실을 통보받는다. "Death-Row Prisoners in Japan Sue Over Same-Day Notice of Executions," Death Penalty Information Center, updated June 11, 2024, https://deathpenaltyinfo.org/news/death-row-prisoners-in-japan-sue-over-same-day-notice-of-executions.

18 *Amnesty International Global Report: Death Sentences and Executions 2022* (Amnesty International, 2023), https://www.amnesty.org/en/documents/act50/6548/2023/en/.

19 "Death Row Overview," Death Penalty Information Center, accessed September 13, 2024, https://deathpenaltyinfo.org/death-row/overview.

20 "Time on Death Row," Death Penalty Information Center, September 18, 2019, https://deathpenaltyinfo.org/death-row/death-row-time-on-death-row.

21 Heather L. Weaver, "The Final Religious Request of a Man on Death Row Is in the Supreme Court's Hands," American Civil Liberties Union, November 8, 2021, https://www.aclu.org/news/prisoners-rights/the-final-religious-request-of-a-man-on-death-row-is-in-the-supreme-courts-hands.

22 Juan A. Lozano and Michael Graczyk, "Texas Executes Inmate Who Fought Prayer, Touch Rules," *AP News*, October 5, 2022, https://apnews.com/article/us-supreme-court-texas-prisons-religion-prayer-9d424be517314cbf2b59543a22d47fa4.

23 Sarah L. Gerwig-Moore, Andrew Davies, and Sabrina Atkins, "Cold (Comfort?) Food: The Significance of Last Meal Rituals in the United States," *British Journal of American Legal Studies* 3, no. 2 (Fall 2014): 421, https://digitalcommons.law.mercer.edu/cgi/viewcontent.cgi?article=1003&context=fac_pubs.

24 Gerwig-Moore, Davies, and Atkins, "Cold (Comfort?) Food," 417.

25 Gerwig-Moore, Davies, and Atkins, 418.

26 Gerwig-Moore, Davies, and Atkins, 411.

27 Mary Roach, *Stiff: The Curious Lives of Human Cadavers* (W. W. Norton & Company, 2003), 43–44.

28 Hayley Campbell, *All the Living and the Dead: A Personal Investigation into the Death Trade* (Raven Books, 2022), 30–31.

29 Campbell, *All the Living and the Dead*, 31.

30 윌리엄 버크와 윌리엄 헤어의 연쇄 살인 사건 참조.

31 "Organ Donation Statistics," Health Resources & Services Administration, July 5, 2021, https://www.organdonor.gov/learn/organ-donation-statistics.

32 Caitlin Doughty, *From Here to Eternity: Traveling the World to Find the Good Death* (W. W. Norton & Company, 2017), 111.

33 Hannah Ritchie and Edouard Mathieu, "How Many People Die and How Many Are Born Each Year?," Our World in Data, January 5, 2023, https://ourworldindata.org/births-and-deaths.

34 *Oxford English Dictionary*, "humane," accessed December 2023, https://doi.org/10.1093/OED/2650323806.

35 Beth A. Conklin, *Consuming Grief: Compassionate Cannibalism in an Amazonian Society* (University of Texas Press, 2001), xx.

36 Frank Shyong, "Lunar New Year Traditions Were Abstract Until My Grandmother Died," *Los Angeles Times*, February 21, 2024, https://www.latimes.com/california/story/2024-02-21/lunar-tradition-grandma.

감사의 말

공식적이든 비공식적이든 편집에 참여하신 모든 분들이 없었다면 이 책은 존재할 수 없었을 것입니다. 나탈리 버터필드, 이사벨 힌클리프, 브리타니 맥클너니, 그리고 저를 믿고 책 제작 과정 처음부터 끝까지 하나하나 섬세하게 이끌어주신 출판사 크로니클의 모든 분들께 감사드립니다. 특히 항상 마감 직전까지 일러스트레이터와 씨름해야 했지만, 그 모든 과정에서 함께 작업하는 것이 즐거웠던 디자이너 웨인과 바버라에게 큰 박수를 보냅니다.

제 첫 독자이자 연구 도우미, 비평가를 자처하며 팩트 체크를 도와주신 체리, 윤정, 윤주, 로레인, 모니카에게 진심으로 감사드립니다. 제가 오랫동안 책 작가로 활동하는 동안 뉴욕과 싱가포르에서 저에게 영양을 공급하고, 동기를 부여하고, 최소한의 사회생활을 할 수 있도록 도와주신 모든 친구들에게 감사를 전합니다. 여러분들이 없었다면 이 모든 것을 해낼 수 없었을 것입니다.

MICA 교수님들, 특히 리사 페린 교수님과 샤드라 스트릭랜드 교수님께 감사드립니다. 두 분은 제가 세상을 바라보는 방식과 기술을 형성해주셨을 뿐만 아니라, 대학 4학년 동안 방대한 자료들을 찾아 이 책을 펴내는 데 큰 도움을 주셨습니다.

이 프로젝트의 토대를 마련해주신 모든 역사학자, 연구자, 인류학자, 작가분들께도 감사의 말을 전합니다. 우리가 사는 세상은 정말 흥미롭고 배울 것이 너무나 많습니다.

무엇보다도 나의 모든 호기심과 재치를 물려주신 부모님께 가장 큰 감사를 드립니다. 저는 아버지 때문에 (그리고 어쩌면 아버지를 위해) 이 책을 썼습니다. 아버지는 노년에 이르러 자신의 죽음을 점점 더 의식하게 되셨고, 아버지와의 대화를 통해 저 자신의 죽음에 대해서도 더 깊이 생각할 수 있었습니다. 코로나 팬데믹 시기에 이 책을 쓰기 시작했는데, 아마도 이 책 집필을 일종의 탈출구처럼 생각했던 것 같습니다. 하지만 결국 제가 깨달은 것은 죽음에서도, 두려움에서도, 슬픔에서도 탈출구는 없다는 것입니다. 그러나 이 책을 쓰면서 알게 된 수많은 죽음의 의식을 통해 배운 한 가지는 죽음으로부터 도망칠 필요가 없다는 것입니다. 나무는 나무이고 물은 물인 것처럼, 죽음은 죽음일 뿐입니다. 우리가 그들을 사랑했기에 상실의 고통은 어쩔 수 없을 것입니다. 하지만 잃을까봐 두려운 사람들이 당신 곁에 있다는 것은 축복입니다.

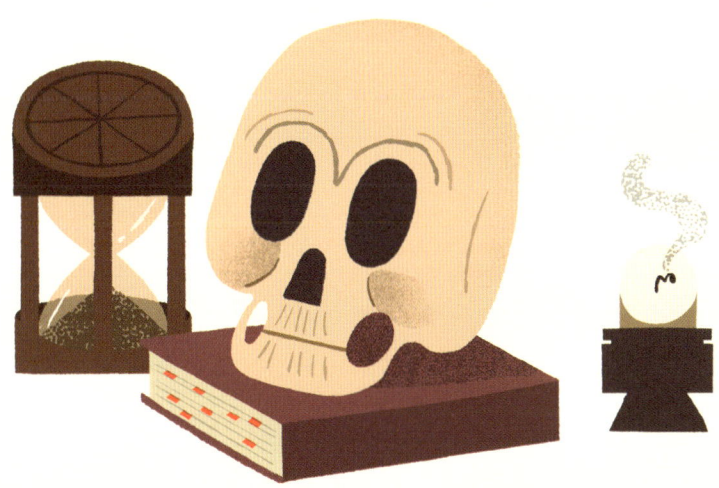

지은이·옮긴이 소개

지은이 YY 리악

중국계 싱가포르인 일러스트레이터 겸 작가이다. 현재 뉴저지주 저지시티에 거주하고 있다. 부모 모두 전문 의료인인 가정에서 태어난 그녀는 어릴 때부터 죽음에 대해 매우 솔직하게 이해할 수 있었으며, 인류학·신화·역사에 대한 끝없는 갈망을 품으며 성장했다. 이 책은 그녀의 첫 번째 저서다.

홈페이지: yyliak.com

옮긴이 홍석윤

성균관대학교 법정대학 행정학과를 졸업한 후 외국계 기업에서 오랫동안 근무해왔다. 현재 경제 언론사에서 일하고 있으며, 번역에이전시 엔터스코리아에서 번역가로 활동 중이다. 주요 역서로는 『스토리씽킹』, 『나발 라비칸트의 부와 행복의 원칙』, 『네 안에 잠든 거인을 깨워라』, 『세금의 흑역사』, 『1페이지 마케팅 플랜』, 『우물 밖의 개구리가 보는 한국사』 등이 있다.